ANUNCIAI

AOS CONSAGRADOS E ÀS CONSAGRADAS TESTEMUNHAS DO EVANGELHO ENTRE OS POVOS

CONGREGAÇÃO PARA OS INSTITUTOS
DE VIDA CONSAGRADA E AS SOCIEDADES
DE VIDA APOSTÓLICA

ANUNCIAI

AOS CONSAGRADOS E ÀS CONSAGRADAS TESTEMUNHAS DO EVANGELHO ENTRE OS POVOS

© 2016 – Libreria Editrice Vaticana

Título original: *Annunciate. Ai consacrati e alle consacrate testemoni del Vangelo tra le genti.*

Direção-geral: *Bernadete Boff*
Editora responsável: *Maria Goretti de Oliveira*
Tradução: *Jaime A. Clasen*

1ª edição – 2016

Nenhuma parte desta obra poderá ser reproduzida ou transmitida por qualquer forma e/ou quaisquer meios (eletrônico ou mecânico, incluindo fotocópia e gravação) ou arquivada em qualquer sistema ou banco de dados sem permissão escrita da Editora. Direitos reservados.

Paulinas
Rua Dona Inácia Uchoa, 62
04110-020 – São Paulo – SP (Brasil)
Tel.: (11) 2125-3500
http://www.paulinas.org.br – editora@paulinas.com.br
Telemarketing e SAC: 0800-7010081

© Pia Sociedade Filhas de São Paulo – São Paulo, 2016

"A Igreja nasceu católica, isto é, 'sinfônica' desde as origens, projetada para a evangelização e o encontro com todos; nasceu 'em saída', isto é, missionária."

Papa Francisco

Caríssimos irmãos e irmãs,

1. Ressoa em nossos corações o eco da celebração do Ano da Vida Consagrada, com o convite constante dirigido a nós pelo Papa Francisco: "Despertai o mundo, segui o Senhor de modo profético, sede anunciadores da alegria do Evangelho". Nas suas exortações ouvimos de novo viva a afirmação de São João Paulo II: "A Igreja necessita da contribuição espiritual e apostólica de uma vida consagrada renovada e vigorosa".[1]

São múltiplas também as ressonâncias positivas que chegam a este Dicastério em relação às experiências vividas em Roma por consagrados e consagradas provenientes de cada Continente no decorrer deste Ano de graça para a Igreja: as vigílias de oração com as quais demos início a todas as convocações; as celebrações eucarísticas com as quais concluímos cada uma delas; o encontro ecumênico dos consagrados das diversas Igrejas; o encontro dos formadores e das formadoras; o encontro para jovens consagrados; o

---

[1] João Paulo II, Ex. Ap. pós-sinodal *Vita consecrata* (25 de março de 1996), 13.

tempo especial que convocou em comunhão todas as formas de vida consagrada. O Santo Padre Francisco acompanhou cada evento com um diálogo familiar e fraterno, indicando os horizontes amplos e o caráter profético de uma vida vivida na forma do Evangelho na Igreja.

Por esse acontecimento do Espírito rendemos graças a Deus, que é "o bem, todo o bem, o sumo bem".[2] A nossa gratidão alcança todos os que trabalharam com paixão para programar e animar este tempo especial e os que responderam à convocação para a Sede de Pedro para viver o acontecimento no signo da unidade. Um agradecimento especial ao Papa Francisco por nos ter feito o dom deste Ano e por nos ter acompanhado durante todo este tempo como Sucessor de Pedro e consagrado a Deus como nós.[3]

2. Continuamos hoje nosso caminho de reflexão – percorrido através das Cartas *Alegrai-vos, Perscrutai, Contemplai*. Ele se detém em ler a *missio Dei*, como mistério confiado por Cristo a sua Igreja e confirmado em Pentecostes com poder do Espírito Santo: "Recebereis poder quando o Espírito Santo vier sobre vós, e sereis minhas testemunhas em Jerusalém, e em toda a Judeia e Samaria e até os confins da terra" (At 1,8). Toda forma de vida consagrada recebe, acolhe e vive esse chamado como elemento constitutivo da especial *sequela Christi*. Ressoa com vivacidade fecunda a exortação final da *Perfectae caritatis*, 50 anos depois da promulgação (28 de outubro de 1965): "Todos os reli-

---

[2] São Francisco, *Lodi di Dio Altissimo*, in FF 261.

[3] Cf. Francisco, *Carta Apostólica* a todos os consagrados por ocasião do Ano da Vida Consagrada (21 de novembro de 2014).

giosos, portanto, difundam no mundo inteiro a Boa-Nova de Cristo, pela integridade da sua fé, caridade para com Deus e para com o próximo, amor à cruz e esperança da glória futura, a fim de que o seu testemunho seja visível a todos e glorificado o nosso Pai que está nos céus" (cf. Mt 5,16).[4] Papa Francisco nos acompanha nesta revisita com uma linguagem inspiradora e performativa, que utiliza constantemente tanto para a Igreja universal como para a nossa forma de vida. Prossigamos no diálogo com todos os consagrados e as consagradas que há nas precedentes *Cartas*, a fim de que a nossa inteligência, coração, decisões possam ser fecundas de vida e tornar frutuosas as intuições do Ano da Vida Consagrada.

A vós todos, mulheres e homens consagrados, dizemos a gratidão pela dedicação a Deus, raio da beleza divina que ilumina o caminho da existência humana.[5] Dirigimos igualmente o convite a fim de que a vossa história continue a ser escrita com língua de fogo no poder do Espírito Santo. A língua com a qual anunciareis a Boa-Nova terá palavras, assonâncias, acentos, matizes e fatos diversificados pelo modo de viver a consagração. Na vida totalmente contemplativa ou na vida religiosa apostólica; no louvor do coração virgem; na presença, na operosidade e no testemunho, muitas vezes gastos na Igreja local ou na secularidade dos âmbitos sociais: sempre e de qualquer modo podeis ser

---

[4]   Concílio Ecumênico Vaticano II, Decreto sobre a renovação da vida religiosa *Perfectae caritatis* 25.

[5]   Cf. João Paulo II, Ex. Ap. pós-sinodal *Vita consecrata* (25 de março de 1996), 109.

expressão da missão da Igreja. Perfume do Espírito Santo e gáudio do Evangelho na cidade humana.

Maria, "cuja vida é regra de conduta para todos",[6] acompanhe a nossa caminhada e interceda, *Mater misericordiae*, por uma dedicação profética alegre ao Evangelho.

---

[6] Santo Ambrósio, *A virgindade*, livro II, cap. II, n. 15.

PRÓLOGO

"Avaliar os tempos e mudar com eles,
permanecendo firmes na verdade do Evangelho."
(Papa Francisco)

Habitamos o mundo

3. O nosso tempo é caracterizado por um processo de mudança profunda e contínua, cujas características definimos com dificuldade.

Multiplicam-se visões da vida que, postas todas no mesmo plano, relativizam o valor de cada uma delas: é diverso o modo de pensar a pessoa, a família, a amizade, o amor, o trabalho, o compromisso, a morte. Cresce a pluralidade étnico-cultural; passa-se rapidamente através da multiplicidade de experiência e da oferta de possibilidades indefinidas, com o efeito de fragmentação e dispersão. Vive-se como num grande supermercado não só de coisas, mas também de oportunidades, ideias, modos de comportamento, que produzem o risco e o desafio de escolher, autodefinir-se, encontrar as razões pessoais para os seus comportamentos. Muda o sentido do limite, que habitua a evitar os obstáculos que normalmente definem e circunscrevem desejos e ações. O individualismo, a ênfase sobre o eu e sobre as exigências pessoais tornam mais frágeis as relações interpessoais e percebe todo laço como mutável, nunca definitivo, mesmo nas escolhas mais importantes, como o estado de vida.

Trata-se de um processo cultural vivo e em ato no qual a modernidade, feito em pedaços o princípio de universalidade, compreende a si mesma como pós-modernidade líquida. O sentido de insatisfação e de incerteza que resulta do ritmo e de um cenário de vida consumista e competitivo – no qual para ocupar o palco é preciso enxotar os outros – nos torna condenados a viver numa incerteza permanente, que é causa e efeito de precariedade emocional e instabilidade relacional e de valores. O caráter líquido da vida e o da sociedade alimentam-se e se reforçam mutuamente, visto que não estão em condições de conservar a sua forma ou de manter a rota por muito tempo, para uma meta desejada e fixada.

4. Muitas vezes nós, consagrados e consagradas, estamos imersos e intimidados com esse processo. Esmagados pela complexidade dos tempos, esquecemos a atitude de escuta do grito humano e, outrossim, o alcance espiritual do anúncio do Evangelho, que pode despertar também em contextos difíceis "a adesão do coração com a proximidade, o amor e o testemunho".[7]

Não é possível renunciar a interrogar-se sobre o hoje de Deus, sobre as oportunidades e sobre os problemas colocados à missão da Igreja pelo tempo no qual vivemos e pelas mudanças que o caracterizam. Somos chamados ao

---

[7] Francisco, Ex. Ap. *Evangelii gaudium* (24 de novembro de 2013) 42.

esforço e à alegria da escuta na cultura do nosso tempo, para discernir nela as sementes do Verbo, os "vestígios da presença de Deus".[8] Escutar as expectativas dos nossos contemporâneos, levar a sério seus desejos e buscas, procurar compreender o que faz arder o coração deles e o que, ao contrário, suscita medo e desconfiança ou simples indiferença, para podermos nos tornar colaboradores da sua alegria e da sua esperança (cf. 1Cor 1,24).

5. É necessário interrogar-nos "sobre o que Deus e a humanidade de hoje pedem".[9] O homem e a mulher sofrem a perda do rosto, imersos em identidades plurais, muitas vezes virtuais, de ocasião e de máscara.

Paulo VI, já em 1969, durante a audiência geral, fazia ressoar a voz dos *autores*: "Dize-me, Eutidemo, já estivesses alguma vez em Delfos? Sim, duas vezes. Notaste a inscrição gravada no Templo: conhece-te a ti mesmo? Sim. Negligenciaste esse aviso ou prestastes atenção a ele? Verdadeiramente não, esse era um conhecimento que eu acreditava ter". Nasce daí, continua o Pontífice, "a história do grande problema acerca do conhecimento que o homem tem de si mesmo. O ativismo dos nossos dias e a prevalência do conhecimento sensível e das comunicações sociais sobre o estudo especulativo e sobre a atividade interior nos tornam tributários do mundo exterior e diminuem bastante a reflexão pessoal e o conhecimento das questões inerentes à nova vida subjetiva; somos distraídos, esvaziados de nós

---

[8] João Paulo II, Ex. Ap. pós-sinodal *Vita consecrata* (25 de março de 1996) 79.

[9] Francisco, *Carta Apostólica* a todos os consagrados por ocasião do Ano da Vida Consagrada (21 de novembro de 2014), II, 5.

mesmos e cheios de imagens e de pensamentos que, *de per si*, não nos dizem respeito intimamente".[10]

6. Também a atitude diante da experiência religiosa e da dimensão transcendente da vida mudou. A incerteza sobre o fato de que a solidão seja a palavra definitiva sobre o destino humano leva os homens a cederem à tentação de uma "desertificação espiritual" que conduz à "difusão do vazio".[11]

Às vezes estamos diante da completa negação teórica e prática da possibilidade da experiência cristã e da negação do valor e da dignidade da pessoa. A identidade que costumava reconhecer-se cristã perdeu-se faz tempo no fenômeno que Weber definiu como "o desencantamento do mundo". A cultura do Ocidente desvencilha-se de uma visão sacral e celebra a autonomia do homem e da sociedade. A realidade se apresenta como complexidade.

Daí emerge uma visão histórica, social, cultural e religiosa – além de antropológica e naturalista –, na qual o indivíduo, nas suas dimensões plurais, nas múltiplas possibilidades, se reconhece precário e problemático no seu agir. Ao mesmo tempo, porém, se reconhece capaz de caminhos, recuperações, aberturas. Nesse contexto, a pergunta religiosa surge como pergunta de sentido (significado e direção), de liberdade e de felicidade, que pede para ser lida e interpretada.

---

[10] Paulo VI, *Audiência geral* (12 de fevereiro de 1969).
[11] Cf. Bento XVI, *Homilia* para a abertura do Ano da fé (11 de outubro de 2012).

7. Contra o desencanto, que apresenta um mundo privado de qualquer significado e qualquer possibilidade de consolação, flui o reencanto do mundo como visão diferente, leitura provocadora da realidade, mas sobretudo do universo interior do homem e do seu sentir profundo: "A reação contra um universo abstrato, quantificado, objetivado, realiza-se mediante a uma volta às fontes da afetividade".[12]

Contra a negação do reinado do invisível aparece um leve retorno ao maravilhoso. Entreveem-se novos cenários, embora possam parecer efêmeros. Lê-los e criticá-los, interpretando as suas instâncias, pode ser espaço possível do espírito, no qual reconhecer a alma.

Neste contexto é necessário considerar o interlocutor do anúncio do Evangelho e a sua vida no hoje da história: "O grande sofrimento do homem é exatamente este: por trás do silêncio do universo, por trás das nuvens há um Deus ou não há? E se há esse Deus, nos conhece, tem a ver conosco? Esse Deus é bom, e a realidade do bem tem poder no mundo ou não? É uma realidade ou não? Por que não se faz ouvir?".[13]

8. O nosso tempo nos chama a construir projetos de sentido nos quais a cultura de um novo humanismo cristão possa gerar – na fluidez inconsistente e na complexidade ingovernável do progresso tecnológico – capacidade de dar significado à existência, um horizonte de comunicação, de

---

[12] E. Morin, *Lo spirito del tempo*, Roma: Meltemi Editore, 2005, p. 93.

[13] Bento XVI, *Reflexão* durante a Primeira Congregação da XIII Assembleia Geral Ordinária do Sínodo dos Bispos (8 de outubro de 2012).

compreensão, de referências de valor. A luz do Evangelho pode realizar o reencantamento do mundo com a possibilidade de reacender um caminho para a verdade: "Um anúncio renovado – escreve Papa Francisco na *Evangelii gaudium*, que ele mesmo definiu como documento programático do seu ministério petrino – proporciona aos crentes, mesmo tíbios ou não praticantes, uma nova alegria na fé e uma fecundidade evangelizadora. Na realidade, o seu centro e a sua essência são sempre o mesmo: o Deus que manifestou o seu amor imenso em Cristo morto e ressuscitado. Ele torna os seus fiéis sempre novos; ainda que sejam idosos, 'renovam as suas forças. Têm asas como a águia, correm sem se cansar, marcham sem desfalecer' (Is 40,31). Cristo é a 'Boa-Nova de valor eterno' (Ap 14,6), sendo 'o mesmo ontem, hoje e pelos séculos' (Hb 13,8), mas a sua riqueza e a sua beleza são inesgotáveis. Ele é sempre jovem, e fonte de constante novidade".[14]

9. As pessoas consagradas são chamadas a mostrar ao mundo esta beleza eterna: "A primeira tarefa da vida consagrada é *tornar visíveis* as maravilhas que Deus realiza na frágil humanidade das pessoas chamadas. Mais do que com as palavras, elas testemunham essas maravilhas com a linguagem eloquente de uma existência transfigurada, capaz de suscitar a admiração do mundo",[15] "A nova evangelização exige dos consagrados e consagradas plena consciência do sentido teológico dos desafios do nosso tempo."[16]

---

[14] Francisco, Ex. Ap. *Evangelii gaudium* (24 de novembro de 2013), 11.
[15] João Paulo II, Ex. Ap. pós-sinodal *Vita consecrata* (25 de março de 1996), 20.
[16] Ibid. 81.

Somos chamados a habitar os contextos humanos com profundidade, radicalidade, ao ponto de dar rosto e expressão aos vestígios de presença de Deus.[17] Essa presença, de fato, não é uma superestrutura do humano, mas a sua profundidade, a sua verdade. Trata-se de nunca se afastar da verdade de si mesmo, da relação com os outros e com a criação; de viver o seguimento de Cristo como um abrir espaço, graças a ele, para a verdade do humano.

Observava o Beato Paulo VI: "As condições da sociedade obrigam-nos a rever os métodos, a procurar com todos os meios estudar como levar ao homem moderno a mensagem cristã, na qual apenas ele pode encontrar a resposta às suas perguntas e a força para o seu compromisso de solidariedade humana".[18]

Bento XVI também se referia a um novo ardor e a novos métodos, na conclusão da sessão ordinária do XIII Sínodo Geral dos Bispos,[19] dedicado à nova evangelização para a transmissão da fé: "A Igreja procura lançar mão de novos métodos, valendo-se também de novas linguagens, apropriadas às diversas culturas do mundo, para implementar um diálogo de simpatia e amizade que se fundamenta em Deus que é Amor. Em várias partes do mundo, a Igreja já encetou este caminho de criatividade pastoral para se aproximar das pessoas afastadas ou à procura do sentido da vida, da felicidade e, em última instância, de Deus".[20]

---

[17] Cf. ibid. 79.
[18] Paulo VI, *Discurso* ao Sacro Colégio dos Cardeais (22 de junho de 1973).
[19] 17-28 de outubro de 2012.
[20] Bento XVI, *Homilia* por ocasião da Santa Missa pela Conclusão da XIII Assembleia Geral Ordinária do Sínodo dos Bispos (28 de outubro de 2012).

ATÉ OS CONFINS DA TERRA

"Sereis minhas testemunhas em Jerusalém,
em toda a Judeia e Samaria, até os confins da terra."
(At 1,8)

À escuta

10. "A imagem de Cristo ensinando tinha-se imprimido no espírito dos Doze e dos primeiros discípulos; e a ordem 'Ide... ensinai todas as gentes' orientou toda a sua vida. São João dá testemunho disso no seu Evangelho, quando refere as palavras de Jesus: 'Já não vos chamo servos, porque o servo não sabe o que faz o seu senhor; chamei-vos amigos, porque vos manifestei tudo o que ouvi de meu Pai' [...]. Foi por tudo isto que, após a ressurreição, ele lhes confiou de maneira formal a missão de irem fazer discípulos todas as nações."[21] "Ide por todo o mundo e proclamai o Evangelho a toda criatura" (Mc 16,15). "Sereis minhas testemunhas em Jerusalém, em toda a Judeia e Samaria, até os confins da terra" (At 1,8). É o mandato missionário que o Ressuscitado deixa aos seus discípulos, dirigido a cada discípulo, em todo tempo. Tal mandato tem uma dimensão universal, os discípulos são enviados "a todos os povos" (Mt 28,19). "Eu estou convosco todos os dias, até o fim do

---

[21] João Paulo II, Ex. Ap. *Catechesi tradendae* (16 de outubro de 1979), 10.

mundo" (Mt 28,20). O Evangelho de Marcos atesta: "Então eles partiram e pregaram por toda parte, enquanto o Senhor agia junto com eles e confirmava a Palavra com os sinais que a acompanhavam" (Mc 16,20).

11. Os evangelistas propõem a missão com acentos diversos que se completam entre eles. Os tons usados pelos evangelistas mostram que a missão é chamada a responder às situações múltiplas das comunidades e, ao mesmo tempo, revelam a fantasia do Espírito que sopra onde quer (cf. Jo 3,8), dispensando os seus carismas. Marcos apresenta a missão como anúncio, *kerigma* (cf. Mc 16,15). Em Mateus, a missão tem como finalidade a fundação da Igreja e o ensinamento (cf. Mt 28,19-20; 16,18). Lucas apresenta-a sobretudo como testemunho (cf. Lc 24,48; At 1,8). Para João a missão consiste na participação na comunhão do Pai com o Filho (cf. Jo 17,21-23). O objetivo é único: confessar com Pedro "Tu és o Cristo" (Mc 8,29), ou com o centurião romano: "Verdadeiramente este homem era Filho de Deus" (Mc 15,39).[22]

Os *Atos dos Apóstolos* nos mostram como os discípulos progressivamente focalizaram a sua identidade de testemunhas e anunciadores e encontraram a linguagem apropriada e o estilo para viver o mandato missionário nas diferentes situações e culturas. Os discípulos se depararam com novos contextos e desafios; deixaram-se conduzir pelo "Espírito de verdade" (Jo 16,13), por caminhos desconhecidos, para conservar com amor e anunciar com alegria tudo

---

[22] Cf. João Paulo II, Carta Enc. *Redemptoris missio* (7 de dezembro de 1990), 23.

o que o Mestre dissera e ensinara (cf. Mt 28,20; Jo 14,26). O próprio Espírito – Jesus tinha assegurado – os conduziria "a toda a verdade", abrindo o caminho do Evangelho às "coisas futuras" (Jo 16,13), ou seja, às novas respostas existenciais e salvíficas no devir dos dias.

12. O mandato missionário toma também várias formas: proclamar a Boa-Nova a todos os povos (cf. Mt 28,19; Mc 16,15); ser testemunhas da ressurreição (cf. Lc 24,46-48; At 1,8); ser portadores de paz e de reconciliação (cf. Jo 20,21-23); curar os doentes e ajudar os excluídos (cf. Lc 10,1-9); ser luz do mundo e sal da terra (cf. Mt 5,13-16); amar uns aos outros com amor com que o próprio Jesus tinha amado (cf. Jo 13,34-35); servir aos irmãos e lavar os seus pés (cf. Jo 13,12-15). Os discípulos logo compreenderam que se tratava da missão que Jesus anunciara na sinagoga de Nazaré, ao proclamar a palavra do profeta Isaías: "O Espírito do Senhor está sobre mim, porque ele me ungiu para anunciar a Boa-Nova aos pobres; enviou-me para proclamar aos aprisionados a libertação, aos cegos a recuperação da vista, para pôr em liberdade os oprimidos, e para anunciar um ano da graça do Senhor" (Lc 4,18-19).

Abre-se diante do pequeno grupo dos discípulos, ainda espantados com a experiência vivida nas últimas semanas de vida do Mestre e incertos sobre o futuro, um horizonte imenso, cultural e geográfico que só com os anos e mediante tentativas conheceriam, evangelizariam e habitariam. Só o dom do Espírito os ajudaria a compreender o significado profundo daquelas palavras e os tornaria capazes de cumprir uma tarefa que, humanamente falando, superava as suas possibilidades e parecia paradoxal.

13. A missão, prolongamento da missão do Mestre, é o fundamento da nossa vocação de consagrados e consagradas. Fundadores e fundadoras escutaram, reconheceram e acolheram como diretamente dirigido a eles o imperativo de Jesus: "Ide e anunciai" (cf. Mc 16,15). A vida consagrada, em todas as suas formas, nas suas várias fases e nos diferentes contextos, pôs-se a caminho para "encher a terra com o Evangelho de Cristo",[23] colocando-se na vanguarda da missão, perseverando "com firmeza de coração" (cf. At 11,23), fervorosa e criativamente.

Tomando o Evangelho como regra e vida,[24] "enviados pelo Espírito Santo" (At 13,4) a toda periferia onde seja necessária a luz do Evangelho (cf. Mt 5,13-16), assumimos o mundo com o coração voltado para o Senhor e proclamamos com a vida e a palavra o "Evangelho de Jesus Cristo, Filho de Deus" (Mc 1,1), sinal de esperança para todos, especialmente para os pobres (cf. Lc 4,18). Restituiremos assim a alegria do Evangelho que recebemos pela graça.[25]

Convidados a anunciar

14. "A tarefa fundamental da Igreja de todos os tempos, e, de modo particular, do nosso, é a de dirigir o olhar do homem e de endereçar a consciência e experiência de toda a humanidade para o mistério de Cristo."[26]

---

[23] Tomás de Celano, *Vita prima di San Francesco d'Assisi*, 97, in FF p. 488.

[24] Cf. Bento XVI, Ex. Ap. pós-sinodal *Verbum Domini* (30 de setembro de 2010), 83.

[25] Cf. Francisco, Ex. Ap. *Evangelii gaudium* (24 de novembro de 2013), 1.

[26] João Paulo II, Carta Enc. *Redemptor hominis* (4 de março de 1970), 10.

Jesus mora em Cafarnaum, à beira do lago, em contato com muitas pessoas; frequenta a sinagoga, encontra-se com a multidão, cura os doentes. Jesus vai aonde as pessoas vivem.[27] Na sua mensagem, nas suas ações e nas suas escolhas exprime um dinamismo que vai no sentido de uma abertura universal.

No estilo de Cristo

15. Contemplemos Cristo, missionário do Pai,[28] para anunciar segundo o seu estilo: "Jesus percorria todas as cidades e aldeias ensinando nas sinagogas, pregando o Evangelho do Reino e curando toda enfermidade e doença. Ao ver a multidão, sentiu compaixão dela" (Mt 9,35-36). Trata-se de entrar na dinâmica do ver, comover-se e agir, atitudes que caracterizaram a vida e a missão de Cristo. Ver significa estarmos atentos ao que acontece no mundo, abertos à realidade que nos circunda, não por mera curiosidade, mas para descobrir a passagem de Deus na história.

Comover-se é viver com *vísceras de misericórdia*, exigindo participação e ação em favor de quem está no limite e na necessidade: "Ao desembarcar, viu a grande multidão e teve compaixão dela" (Mc 6,34). Nasce um movimento vigoroso que nos põe em sintonia cordial com toda pessoa: "Quando ainda estava longe, o pai o viu e ficou comovido. Correu-lhe ao encontro e o abraçou, cobrindo-o

---

[27] Cf. A. VANHOYE, Le origini della missione apostolica nel Nuovo Testamento, in *La Civiltà Cattolica*, 141 (1990/IV), 544-558.

[28] Cf. João Paulo II, Ex. Ap. pós-sinodal *Vita consecrata* (25 de março de 1996), 22.

de beijos" (Lc 15,20). Tal atitude não nos permite passar adiante, fazendo-se de distraído, respeitável e medroso: "Um sacerdote descia pelo mesmo caminho e, ao vê-lo, desviou-se dele. Do mesmo modo um levita, passando por aquele lugar, também o viu e passou adiante" (Lc 10,31-32). Relembra o julgamento de Cristo sobre as nossas escolhas e as nossas obras: "Tive fome e me destes de comer [...]. Em verdade vos digo: tudo o que não fizestes a um só destes pequeninos, foi a mim que não o fizestes" (Mc 25,42.45).

Somos chamados a viver o estremecimento daqueles que discordam na profundeza de si mesmos por causa de uma justiça ferida e iníqua e uma violência arrogante que mata, prevarica, anula, marginaliza: "A Igreja estremece ('comove-se', traduziram algumas línguas)", afirma Paulo VI, "diante desse grito de angústia e chama cada um a responder com amor ao seu irmão".[29]

16. Somos chamados a agir segundo a visão de Deus: "Eu vi a miséria do meu povo no Egito e ouvi o seu grito por causa dos opressores; pois eu conheço os seus sofrimentos" (Ex 3,7). Chamados a sintonizar o nosso coração no modo de Cristo: "[...] quando viu que Maria e todos os judeus que vinham com ela choravam, Jesus se comoveu profundamente. E emocionado perguntou: 'Onde o pusestes?' Eles disseram: 'Senhor, vem e vê'. Jesus começou a chorar" (Jo 11,33-35). Chamados a realizar ações que acendem esperança e narram salvação. Sem agir, ver e comover-se, essas ações permanecem intenções boas e emoções vagas.

---

[29] Paulo VI, Carta Enc. *Populorum progressio* (26 de março de 1967), 3.

A Carta Apostólica *Orientale lumen* de João Paulo II captou bem isso: "Aprendamos do próprio Senhor que, ao longo do caminho, parava no meio da gente, escutava-a, comovia-se quando a via 'como ovelhas sem pastor' (Mt 9,36; cf. Mc 6,34). Dele devemos aprender aquele olhar de amor com o qual reconciliava os homens com o Pai e consigo próprios, comunicando-lhes aquela força que é a única que pode sarar o homem todo".[30]

Contemplativos em ação

17. É urgente recuperar a mística missionária: "É pela contemplação, por uma forte relação de amizade com o Senhor, que nasce em nós a capacidade de viver e de levar o amor de Deus, a sua misericórdia, a sua ternura aos outros".[31] A mística apostólica nos refere "ao que há de mais belo, maior, mais atraente e, ao mesmo tempo, mais necessário".[32]

Convidamos a reler a carta *Contemplai*; nela propusemos um itinerário rumo à profundidade do mistério que nos habita, na busca da Beleza; uma nova *filocalia*: a transfiguração gerada por uma santidade hospitaleira e por uma proximidade carregada de empatia.[33]

---

[30] João Paulo II, Carta Ap. *Orientale lumen* (2 de maio de 1995), 4.

[31] Francisco, *Angelus* (21 de julho de 1013).

[32] Francisco, Ex. Ap. *Evangelii gaudium* (24 de novembro de 2013), 35.

[33] Cf. Congregação para os Institutos de Vida Consagrada e de Sociedades de Vida Apostólica, *Contemplai. Aos consagrados e às consagradas sobre os sinais da Beleza* (15 de outubro de 2015), Paulinas/Paulus.

"O missionário deve ser um contemplativo na ação. Encontra resposta aos problemas na luz da Palavra de Deus e na oração pessoal e comunitária [...] o futuro da missão depende em grande parte da contemplação. O missionário, se não é contemplativo, não pode anunciar Cristo de modo credível. Ele é uma testemunha da experiência de Deus e deve poder dizer como os Apóstolos: 'O que nós contemplamos, ou seja, o Verbo da vida [...] nós vo-lo anunciamos' (1Jo 1,1-3)."[34]

18. "A Igreja não pode iludir-se de brilhar com luz própria, não pode. Lembra-o Santo Ambrósio com uma bela expressão em que usa a lua como metáfora da Igreja: 'Verdadeiramente como a lua é a Igreja [...] brilha, não com luz própria, mas com a de Cristo. Recebe o seu próprio esplendor do Sol de Justiça, podendo assim dizer: Já não sou eu que vivo, é Cristo que vive em mim' (*Hexaemeron*, IV, 8, 32). Cristo é a luz verdadeira, que ilumina; e a Igreja, na medida em que permanece ancorada nele, na medida em que se deixa iluminar por ele, consegue iluminar a vida das pessoas e dos povos. Por isso, os Santos Padres reconheciam, na Igreja, o *mysterium lunae*. Temos necessidade desta luz que vem do Alto, para corresponder coerentemente à vocação que recebemos. Anunciar o Evangelho de Cristo não é uma opção que podemos fazer dentre muitas, nem é uma profissão. Para a Igreja, ser missionária não significa fazer proselitismo; para a Igreja, ser missionária equivale a exprimir a sua própria natureza: ser iluminada por Deus

---

[34] João Paulo II, Carta Enc. *Redemptoris missio* (7 de dezembro de 1990), 91.

e refletir a sua luz".[35] Sem essa consciência, o trabalho e as instituições não podem comunicar o Evangelho do Reino; os nossos programas formativos tornam-se itinerários de habilitação profissional mais ou menos bem-sucedidos; as preocupações com os meios econômicos que percebemos limitados para sustentar a vida e as atividades dos nossos institutos não se diferenciam daquelas preocupações de outros grupos humanos; frequentemente esquecemos os parâmetros da providência.

Servos da Palavra

19. A Escritura, junto com a Tradição, é "regra suprema"[36] da fé. A relação entre Escritura e evangelização nas suas diversas formas é muito estreita: "A natureza íntima da Igreja exprime-se num tríplice dever: anúncio da Palavra de Deus (*kerygma-martyria*), celebração dos sacramentos (*leiturgia*), serviço da caridade (*diakonia*). São deveres que se reclamam mutuamente, não podendo um ser separado dos outros".[37]

"Ide e proclamai" (cf. Mc 16,15). "A missão da Igreja, no início deste novo milênio, é alimentar-se da Palavra para ser serva da Palavra no compromisso da evangelização".[38] "Uma Palavra *viva, eficaz,* que *perscruta os sentimentos*

---

[35] Francisco, *Homilia* pela Epifania do Senhor (6 de janeiro de 2016).

[36] Concílio Ecumênico Vaticano II, Constituição dogmática *Dei Verbum* (18 de novembro de 1965), 21.

[37] Bento XVI, Carta Enc. *Deus caritas est* (25 de dezembro de 2005), 25a.

[38] Sínodo dos Bispos, XII Assembleia Geral Ordinária *A Palavra de Deus na vida e na missão da Igreja, Instrumentum laboris* (Vaticano, 2008), 43.

e os pensamentos do coração (Hb 4,12), e 'se torne cada vez mais o coração de toda a atividade eclesial'. [...] É fundamental que a Palavra revelada fecunde radicalmente a catequese e todos os esforços para transmitir a fé."[39]

A experiência pastoral atesta que não se pode supor a fé enquanto nos escutam. É preciso despertá-la naqueles nos quais está apagada, revigorá-la nos que vivem na indiferença, levar as novas gerações a descobrirem-na com compromisso pessoal, renová-la naqueles que a professam sem suficiente convicção, levá-la àqueles que ainda não a conhecem.

20. A catequese, primeiro ato educativo no âmbito da missão evangelizadora, "está intimamente ligada a toda a vida da Igreja. Não é só a extensão geográfica e o aumento numérico, mas sobretudo o crescimento interior da Igreja, a sua correspondência ao desígnio de Deus, que dependem da catequese".[40]

Na *Evangelii gaudium*, Papa Francisco nos convida a adotar "a conversa de mãe", a linguagem de uma mãe.[41] "Assim como todos gostamos de que nos falem na nossa língua materna, assim também, na fé, gostamos de que nos falem em termos da 'cultura materna', em termos do idioma materno (cf. 2Mc 7,21.27), e o coração dispõe-se a ouvir melhor. Esta linguagem é uma tonalidade que

---

[39] Francisco, Ex. Ap. *Evangelii gaudium* (24 de novembro de 2013), 150, 174, 19.

[40] João Paulo II, *Catechesi tradendae* (16 de outubro de 1979), 13.

[41] Cf. Francisco, Ex. Ap. *Evangelii gaudium* (24 de novembro de 2013), 139-141.

transmite coragem, inspiração, força, impulso."[42] Somos chamados a servir a Palavra a partir da concretude da vida, com palavras reais, cheias de ternura materna, que saibam interrogar e vivificar a realidade. É fundamental meditar a Palavra, entendê-la em profundidade e traduzi-la em palavras adequadas à cultura de cada tempo, também através de um estudo acurado.

21. A presunção e a superficialidade presentes em várias formas do anúncio – homilética, catequese, pastoral – são uma ofensa ao dom da Palavra. Papa Francisco insistiu muito sobre a homilia e o empenho necessário: "A preparação da pregação é uma tarefa tão importante que convém dedicar-lhe um tempo longo de estudo, oração, reflexão e criatividade pastoral".[43] O estudo, feito para servir a Palavra e a humanidade, ajuda a interpretar e compreender com sabedoria o mundo que "Deus tanto amou" (Jo 3,16). Mais que exercício acadêmico e retórico, o estudo que "não extinga o espírito de oração e devoção"[44] é exercício de mediação necessário para progredir no gosto da busca da Vida, da Verdade e do Bem (cf. At 17,27). O estudo, "expressão do desejo insaciável de conhecer mais profundamente a Deus, abismo de luz e fonte de toda a verdade humana", deve acompanhar a vida como instrumento precioso para "a busca incessante de Deus e da sua ação na complexa realidade do mundo contemporâneo".[45]

---

[42] Ibid. 139.

[43] Francisco, Ex. Ap. *Evangelii gaudium* (24 de novembro de 2013), 145.

[44] Francisco, *Carta a Santo Antônio de Pádua*, 2.

[45] João Paulo II, Ex. Ap. pós-sinodal *Vita consecrata* (25 de março de 1996), 98.

Mensageiros de anúncios alegres

22. "Como são belos, sobre os montes, os pés do mensageiro que anuncia a paz, do mensageiro de boas notícias que anuncia a salvação, que diz a Sião: O teu Deus reina" (Is 52,7).

"A característica de qualquer vida missionária autêntica é a alegria interior que vem da fé. Num mundo angustiado e oprimido por tantos problemas, que tende ao pessimismo, o proclamador da Boa-Nova deve ser um homem que encontrou, em Cristo, a verdadeira esperança."[46]

O anúncio é paixão dada de graça, posta no centro da nossa vida. "À pergunta *por que a missão?*", respondemos, com a fé e a experiência da Igreja, que se abrir ao amor de Cristo é a verdadeira libertação. Nele, e só nele, somos libertos de toda alienação e extravio, da escravidão ao poder do pecado e da morte. Cristo é verdadeiramente "a nossa paz" (Ef 2,14), e "o amor de Cristo nos impele" (2Cor 5,14), dando sentido e alegria a nossa vida. A missão é um problema de fé, é a medida exata da nossa fé em Cristo e do seu amor por nós".[47]

Papa Francisco nos convida a não ser "evangelizadores tristes, com rosto de funeral e desencorajados",[48] mas a comunicar a alegria da fé a partir de uma *existência transfigurada*.[49]

---

[46] João Paulo II, Carta Enc. *Redemptoris missio* (7 de dezembro de 1990), 91.

[47] Ibid. 11.

[48] Francisco, Ex. Ap. *Evangelii gaudium* (24 de novembro de 2013), 14.

[49] João Paulo II, Ex. Ap. pós-sinodal *Vita consecrata* (25 de março de 1996), 35.

23. *Mensageiros da alegria do Evangelho* são homens e mulheres que receberam o mandato de anunciar a Boa-Nova: a alegria do Evangelho encheu a vida e transformou o coração deles.[50]

Mensageiros da alegria do Evangelho são homens e mulheres que respondem com generosidade ao grande desafio da Igreja de todo tempo: a atividade missionária.[51]

Mensageiros da alegria do Evangelho são homens e mulheres atingidos pela misericórdia do Pai, ferida de amor que inflama o seu coração de paixão por Cristo e pela humanidade, e oferecem a vida pelo Evangelho pondo-se a caminho, sem demora (cf. Lc 24,33), para anunciar "a todos, em todos os lugares, em todas as ocasiões",[52] a alegria do Reino.

Mensageiros da alegria do Evangelho são homens e mulheres que tomam a iniciativa,[53] sem se deixar paralisar pela introversão eclesial[54] para ir a todas as periferias e encontrar "os próximos e os distantes" (cf. Ef 2,13), sem excluir ninguém.

Mensageiros da alegria do Evangelho são homens e mulheres que param nas encruzilhadas da vida e vivem as fronteiras para convidar os excluídos,[55] a fim de que a vida

---

[50] Francisco, Ex. Ap. *Evangelii gaudium* (24 de novembro de 2013), 21.

[51] Cf. ibid. 15.

[52] Ibid. 23.

[53] Ibid. 24.

[54] Cf. ibid. 27.

[55] Cf. ibid. 24.

deles possa encher-se de esperança e da força libertadora do Evangelho.

Mensageiros da alegria do Evangelho são homens e mulheres que, tendo entrado no "dinamismo da saída",[56] vão ao mundo inteiro (cf. Mt 28,19) para anunciar com criatividade e a linguagem universal da alegria que o Evangelho é fonte de vida e de vida em abundância (cf. Jo 10,10b).

A Igreja e o mundo têm necessidade de homens e mulheres *mehaser*, mensageiros da alegria, mensageiros daquele que vem consolar o seu povo (cf. Is 40,1).

Unidos para anunciar

24. "A multidão dos que tinham chegado à fé tinha um só coração e uma só alma e ninguém dizia sua propriedade o que lhe pertencia, mas entre eles tudo era comum. Com grande força os apóstolos davam testemunho da ressurreição do Senhor Jesus e todos eles gozavam de grande simpatia" (At 4,32-33). "A comunidade religiosa sentiu-se em continuidade com o grupo dos que seguiam Jesus. Ele os tinha chamado um a um para viver a comunhão com ele e com os outros discípulos, para compartilhar a sua vida e o seu destino (cf. Mc 3,13-15), de modo a ser sinal da vida e da comunhão por ele inauguradas".[57] A vida fraterna, lembrada do mistério que vive na sua origem, se vive como "espaço

---

[56] Ibid. 20.

[57] Congregação para os Institutos de Vida Consagrada e de Sociedades de Vida Apostólica, *A vida fraterna em comunidade. "Congregavit nos in unum Christi amor"* (2 de fevereiro de 1994), 10.

teologal onde se pode experimentar a presença mística do Senhor ressuscitado".[58]

Perseverantes na comunhão

25. A *didaké* delineia os traços de identidade comunitária como obra de escuta e de formação, de conhecimento da pessoa e da missão do Senhor Jesus, acompanhada por sinais e poder (cf. At 2,43; 4,33). Os cristãos da Igreja das origens escutam a pregação e a palavra dos apóstolos e, portanto, são introduzidos no conhecimento do Evangelho para, como crentes maduros, chegar a uma verdadeira experiência do Senhor.

Uma das preocupações que frequentemente acompanhou a história e a vida da Igreja, e, igualmente, a existência de várias comunidades de vida consagrada, foi formar para o mistério de Cristo que vivifica a *koinonia*, essência da vida fraterna, e a manifesta não como ideia, mas como solidariedade material e espiritual.

26. A fraternidade solícita, ademais, a perseverança "na fração do pão e nas orações" (At 2,42), sinal áureo posto para identificar as reuniões cultuais dos primeiros cristãos, nas quais eram renovados os gestos de Jesus na última ceia. Esta memória abrange também os banquetes nupciais, as refeições de Jesus com os pecadores e as comidas frugais consumidas pelo Ressuscitado na beira do lago com os discípulos. Com formas diversas de oração, os primeiros cristãos oravam no templo, durante as refeições ou no

---

[58] João Paulo II, Ex. Ap. pós-sinodal *Vita consecrata* (25 de março de 1996), 42.

secreto das suas casas. A relação perseverante com Deus está na base do ensinamento espiritual da comunidade primitiva que orava sempre, "em qualquer ocasião" (Ef 6,18), "em todo lugar e levantando para o céu mãos puras" (1Tm 2,8). A oração garante a unidade da comunidade, ajuda o discernimento, é dom do Espírito e está ligada à caridade, tanto que Orígenes poderá dizer: "Reza sempre aquele que une a oração às obras que deve fazer, e as obras à oração. Somente assim podemos considerar realizável o preceito de orar incessantemente".[59] Estamos no centro do testemunho missionário da fraternidade.

27. Atinge-se um clima de alegria, de frescor das origens, que ganha o coração de quem assiste a esta reconstrução de uma humanidade nova. Clima que sempre encantou os cristãos de todas as gerações e as pessoas consagradas ao seguimento de Cristo. "A vida dessa [primeira] comunidade e mais ainda a experiência de plena partilha com Cristo, vivida pelos Doze, foram constantemente o modelo em que a Igreja se inspirou, quando quis reviver o fervor das origens e retomar, com novo vigor evangélico, o seu caminho na história."[60]

Nascem deste clima o testemunho missionário e o anúncio como sinal da comunidade: "não havia nenhum necessitado entre eles" (At 4,34), "porque a comunidade tinha um só coração e uma só alma" (At 4,32). Toda comunidade apostólica que quer ser evangélica vive no coração

---

[59] Orígenes, *De oratione* 12, in PG 11, 452.
[60] João Paulo II, Ex. Ap. pós-sinodal *Vita consecrata* (25 de março de 1996), 41.

o desapego dos bens materiais, premissa indispensável para a concórdia dos espíritos, para alcançar metas de vida espiritual, para proclamar o alegre anúncio.

28. "Com grande força os Apóstolos davam testemunho da ressurreição do Senhor Jesus" (At 4,33). Lucas pretende afirmar que a graça de testemunhar o Ressuscitado brota da vida fraterna, parábola do Reino e, em si mesma, anúncio missionário. A alegria do anúncio do Evangelho é corroborada na experiência do encontro fraterno. Papa Francisco convida: "Viver com paixão o presente significa tornar-se 'peritos em comunhão', ou seja, 'testemunhas e artífices daquele projeto de comunhão que está no vértice da história do homem segundo Deus'. Numa sociedade marcada pelo conflito, a convivência difícil entre culturas diversas, a prepotência sobre os mais fracos, as desigualdades, somos chamados a oferecer um modelo concreto de comunidade que, mediante o reconhecimento da dignidade de cada pessoa e a partilha do dom que cada um é portador, permita viver relações fraternas".[61]

A vida de comunhão se torna um *sinal* para o mundo e uma *força* atrativa que leva a crer em Cristo. Desse modo, a comunhão se abre à *missão*, faz a si mesma missão.[62]

29. Na vida religiosa, a vida fraterna em comunidade, vivida na simplicidade e na alegria, é a primeira e funda-

---

[61] Francisco, *Carta Apostólica* a todos os consagrados e consagradas por ocasião do Ano da Vida Consagrada (21 de novembro de 2014), I, 2.

[62] Cf. João Paulo II, Ex. Ap. pós-sinodal *Vita consecrata* (25 de março de 1996), 46.

mental estrutura de evangelização. "A comunhão fraterna, enquanto tal, já é apostolado, isto é, contribui diretamente para a obra de evangelização. De fato, o sinal por excelência deixado pelo Senhor é o da fraternidade vivida: 'nisto todos conhecerão que sois meus discípulos, se vos amardes uns aos outros' (Jo 13,35). [...] toda a fecundidade da vida religiosa depende da qualidade da vida fraterna em comum. [...] Sem ser o tudo da missão da comunidade religiosa, a vida fraterna é um de seus elementos essenciais. A vida fraterna é tão importante quanto a ação apostólica."[63]

No prodígio de Pentecostes

30. O acontecimento do primeiro Pentecostes, com a explosão do Espírito e o entusiasmo da primeira conversão de massa, conclui-se de modo inesperado: pessoas diferentes começam a viver um estilo de vida fraterna. O Espírito é derramado e o sonho irrealizável da fraternidade tornou-se possível: sentir-se irmãos e irmãs e viver em fraternidade. De todos os milagres, prodígios e sinais, este é o mais perturbador: pessoas que não se conhecem se entendem e, colocando em comum os seus bens, falam a mesma língua da caridade. Acende-se no mundo algo considerado impossível: o amor pelos outros se torna mais forte do que o amor por si mesmo. A fraternidade, prodígio do Pentecostes, manifesta o verdadeiro rosto da Igreja e se torna a causa primeira da expansão do Evangelho: livres e

---

[63] Congregação para os Institutos de Vida Consagrada e de Sociedades de Vida Apostólica, *A vida fraterna em comunidade. "Congregavit nos in unum Christi amor"* (2 de fevereiro de 1994), 54, 55.

escravos, ricos e pobres, doutos e ignorantes, todos reunidos em redor da mesma mesa, para viver em Cristo a profecia dos filhos de Deus, no poder do Espírito.

31. A experiência do Espírito e a experiência da fraternidade vivida em comunidade estão na origem da Igreja. O Espírito Santo age na vida da comunidade apostólica e a marca, com selo de fogo, com a unidade e a missionariedade. A Palavra de Deus, língua do Espírito, desce ao homem e guia a comunidade de fé não a impor a sua linguagem, mas a entrar na linguagem humana, anunciando o Evangelho segundo as possibilidades e as modalidades de compreensão do outro: "Cada vez que nos encontramos com um ser humano no amor, colocamo-nos na condição de descobrir algo novo em relação a Deus. [...] A tarefa da evangelização enriquece a mente e o coração, abre-nos horizontes espirituais, torna-nos mais sensíveis para reconhecer a ação do Espírito, faz-nos sair dos nossos esquemas espirituais limitados".[64]

32. Esta é a obra do Espírito que se opõe à *carne* (cf. Gl 5,16-17), ou seja, à tendência egoísta do homem, ao fechamento em si, à rejeição do encontro e da comunhão com o outro: "O movimento de amor entre céu e terra é guiado pelo Espírito Santo, e dá assim cumprimento à relação estabelecida em Cristo, com a Esposa-Sião-Maria-*Ekklesia*. O religioso vive no centro desse acontecimento, que quer fazer-se realidade nele, através de sua dedicação amorosa ao amor. A sua existência deve ser sempre tradução criativa, futuro de Deus, perenemente no Espírito Santo".[65]

---

[64] Francisco, Ex. Ap. *Evangelii gaudium* (24 de novembro de 2013), 272.

[65] H. U. von Balthasar, *Spiritus Creator*, Brescia: Morcelliana, 1972, p. 328.

IGREJA EM SAÍDA

Percorrendo as cidades,
transmitiam aos irmãos os decretos dados
pelos apóstolos e pelos presbíteros de Jerusalém,
recomendando-lhes que fossem observados.
Assim as Igrejas eram fortalecidas na fé
e cresciam em número de dia para dia.
(At 16,4-5)

À escuta

33. O protagonista é Paulo, com a companhia de Silas e de Timóteo, e talvez de algum outro companheiro não mencionado. O apóstolo vive uma passagem difícil: acabou de separar-se – com um desentendimento bastante inflamado (At 15,39) – de Barnabé, seu protetor e mestre, mas não se detém, torna a visitar as comunidades que fundaram juntos na primeira viagem missionária (cf. At 13,5; 14,28).

Escolhemos este momento-chave da Igreja das origens porque verificamos nas escolhas e nas dificuldades de Paulo e dos companheiros situações muito semelhantes às nossas, e a busca de soluções que nos podem servir de guia ao enfrentar a complexidade dos problemas e incertezas que também nós vivemos.

As comunidades fundadas na viagem precedente ficavam em Derbe, Listra, Antioquia da Pisídia, Icônio, Atália, isto é, na região central montanhosa da atual Turquia, no altiplano anatólico. Paulo tinha a intenção de dirigir-se também para a Galácia e a Bitínia, ao norte, mas o Espírito mais uma vez pôs misteriosamente obstáculo ao itinerário deles e suas boas intenções. Viram-se obrigados a dirigir-se a Trôade (cf. At 16,6-8), para periferias desconhecidas deles.

As comunidades visitadas estavam todas no início da fé, eram frágeis: confiadas aos presbíteros na primeira viagem missionária e conscientes de que entrariam "no reino de Deus mediante muitas tribulações" (At 14,22b). Era lógico e sábio para Paulo e os seus companheiros voltar para visitá-las a fim de animá-las no caminho e aperfeiçoar a primeira evangelização, alargando também o raio das presenças. Contudo, sem nenhuma razão evidente, *o Espírito de Jesus não lhes permitiu.* Surpresa e desconcerto levaram-nos a vaguear, deslocando-se sempre em direção à Anatólia ocidental, até chegarem à costa do Egeu.

Imaginemos a sua angústia interior, o senso de frustração e a sensação de se encontrar diante de uma incógnita.

34. A aventura assemelha-se em muitos sentidos a situações das últimas décadas. A reforma e a renovação promovidas e inspiradas pelo Concílio Vaticano II abriram espaço para experiências de grande valor e realizaram, para quase todas as famílias religiosas, novas modalidades de presença, encontros com culturas e geografias antes desconhecidas. Como Barnabé e Paulo, depois da primeira viagem missionária, com a alegria de ver que o Senhor chamou para participar no carisma e na sua fecundidade eclesial gente que não se conhecia, não faltaram tensões e tempos em que as discussões foram vivas e os ânimos se esquentaram (cf. At 15,2).

As diferenças culturais e as riquezas identitárias das Igrejas de pertença dos novos membros, acolhidas no início com entusiasmo e admiração, com o tempo causaram incômodo e levantaram o problema das diferenças a respeitar, da essencialidade a descobrir, da reciprocidade devida e necessária no conjunto do sistema institucional dos modelos de encarnação da fé. Com dificuldade e paciência se chegou – através dos Capítulos e das Assembleias, da redação ou da revisão das Constituições, da experimentação de modelos de formação e de governo – a elaborar uma síntese que garantisse a comunhão, com formas institucionais adaptadas à nova época do carisma. Estávamos convencidos de que, para fazer a caminhada prosseguir, bastava informar adequadamente e gerir com inteligência como Paulo, *transmitindo* as decisões tomadas em Jerusalém (cf. At 16,4), o que já fora com dificuldade alçado e com ordem estabelecido.

35. Como sucedeu com Paulo e os seus companheiros, também a nós o Espírito *não permitiu* (cf. At 16,7) que entrássemos em atitude de custódia e de manutenção dos resultados. Fomos impedidos de expandir-nos segundo os nossos projetos, simplesmente exportando decisões preordenadas e modelos experimentados.

A crise atual que está tornando estéreis as nossas seguranças e incertos os nossos projetos não poderia ter a ver com a frustração que Paulo sentiu diante de obstáculos sem explicação? A nossa teimosia em perseverar naquilo que temos adquirido e estabilizado, com meros acomodamentos táticos, e muitas vezes escondendo a crise de orientação com gosto de "mundanidade espiritual", poderia talvez ser considerada um *kairós*, para deixar espaço à imprevisibilidade do Espírito e das suas decisões?

A evidente e difusa insignificância e marginalidade da vida consagrada na Igreja e também na sociedade globalizada e narcotizada por mil idolatrias e ilusões efêmeras, a nossa *anemia* de forças frescas e a manifesta *anomia* de modelos vencedores para este novo contexto, poderiam talvez ser comparadas com a situação de Paulo, confuso e perdido em *Trôade*? Onde tudo parecia não ter sentido, abrir-se-ia um horizonte novo, uma nova aventura criativa e transformadora.

O Espírito, protagonista da missão

36. Deus, Amor trinitário, é o primeiro missionário; a missão da Igreja afunda as suas raízes no coração de Deus. Entre as pessoas da Trindade acontece um movimento contínuo: uma dança, diria São Boaventura.[66] Na relação entre o Pai e o Filho se dá a graça do amor que é o Espírito Santo: *ad extra* o Filho é enviado pelo Pai para o Espírito; o Espírito é enviado pelo Pai e pelo Filho e pelo Pai para o Filho. No Verbo feito homem (cf. Jo 1,14), o próprio Deus

---

[66] São Boaventura, *Itinerarium mentis in Deo*, VI, 2: neste texto usa a palavra *circumincessio*.

faz seu o dinamismo de saída,[67] entra no mundo e assume plenamente o humano: "Enviou o seu Filho, o Verbo eterno que ilumina todos os homens, para que habitasse entre eles e lhes desse a conhecer os arcanos de Deus (cf. Jo 1,1-18)".[68] A encarnação nos revela um Deus amante da humanidade: "Jesus Cristo, portanto, Verbo feito carne, enviado como 'homem aos homens', 'fala as palavras de Deus' (Jo 3,34) e consuma a obra salvífica que o Pai lhe confiou (cf. Jo 5,36; 17,4)".[69] Nada lhe é estranho, nem mesmo o pecado, cancelado pela sua misericórdia:[70] "Aquele que não conheceu o pecado, Deus o fez pecado por nós, para que nele fôssemos justiça de Deus" (2Cor 5,21).

O Deus da história caminhou com o seu povo (cf. Ex 3,6) e não cessa de caminhar conosco através do dom do Espírito. "É o Espírito Santo que dá a vida":[71] ele é a força de Deus na história, aquele que torna presente e atualiza a Palavra (cf. Jo 14,26; 1Jo 2,27).[72] O Espírito Santo, protagonista da missão,[73] "é o agente principal da evangelização: é ele, efetivamente, que impele para anunciar o Evangelho, como é ele que no mais íntimo das consciências leva a aceitar e compreender a palavra da salvação, [...] somente ele suscita

---

[67] Cf. Francisco, Ex. Ap. *Evangelii gaudium* (24 de novembro de 2013), 20.

[68] Cf. Concílio Ecumênico Vaticano II, Constituição dogmática *Dei Verbum* (18 de novembro de 1965), 4.

[69] Ibidem.

[70] Cf. Francisco, Retiro Espiritual por ocasião do Jubileu dos sacerdotes, *Primeira meditação* (2 de junho de 2016).

[71] João Paulo II, Carta Enc. *Dominum et Vivificantem* (18 de maio de 1986), 64.

[72] Cf. ibid. 7.

[73] João Paulo II, Carta Enc. *Redemptoris missio* (7 de dezembro de 1990), 21.

a nova criação, a humanidade nova que a evangelização há de ter como objetivo, com a unidade na variedade que a mesma evangelização intenta promover na comunidade cristã. Através dele o Evangelho penetra no coração do mundo, porque é ele que faz discernir os sinais dos tempos, os sinais de Deus, que a evangelização descobre e valoriza no interior da história".[74]

37. O Espírito forma o cristão segundo os sentimentos de Cristo, guia para toda a verdade, ilumina as mentes, infunde o amor nos corações, fortifica os corpos fracos, abre para a consciência do Pai e do Filho, e dá "a todos suavidade no consentir e no crer na verdade".[75]

Em 1968, o metropolita ortodoxo Ignatios de Latakia, durante o encontro ecumênico de Uppsala, disse: "Sem o Espírito Santo, Deus é distante, Cristo permanece no passado, o Evangelho é letra morta, a Igreja é uma simples organização, a autoridade é uma dominação, a missão uma propaganda, o culto uma evocação, e o agir do ser humano uma moral de escravos. Mas no Espírito Santo o cosmos é elevado e geme na gestação do Reino, Cristo ressuscitado está presente, o Evangelho é poder de vida, a Igreja significa comunhão trinitária, a autoridade é um serviço libertador, a missão é um Pentecostes, a liturgia é memorial e antecipação, o agir humano é divinizado".[76]

---

[74] Paulo VI, Ex. Ap. *Evangelii nuntiandi* (8 de dezembro de 1975), 75.

[75] Concílio Ecumênico Vaticano II, Constituição dogmática *Dei Verbum* (18 de novembro de 1965), 5.

[76] Ignatios de Latakia, in R. Cantalamessa, *Il soffio dello Spirito*, Cinisello Balsamo: San Paolo, 1997, p. 165.

O poder do Espírito *não permite* (cf. At 16,7), como fez com Paulo, que os nossos passos se detenham e a lógica limite e racionalize as nossas escolhas missionárias no já conhecido: o seu sopro, quando as esperanças faltam, impele para horizontes novos. "Temos de vencer a tentação de nos limitarmos ao que ainda temos, ou julgamos ter, de nosso e seguro: seria morrer a prazo, enquanto presença de Igreja no mundo, que aliás só pode *ser missionária no movimento expansivo do Espírito*."[77]

Vocação e graça da Igreja

38. A missão da Igreja manifesta um projeto nascido do amor de Deus Pai, *amor fontalis*, como o chamam os santos Padres, o qual, através do Filho e do Espírito, quis tornar-nos participantes da vida divina.[78] Graças à reflexão do Concílio Vaticano II, a Igreja recuperou com força a concepção trinitária da missão e se reconhece como colaboradora dela. Bento XVI afirmava: "Devemos aprender a lição mais simples e mais fundamental do Concílio, isto é, que o Cristianismo, na sua essência, consiste na fé em Deus que é Amor trinitário".[79] Na missão a Igreja reconhece a sua identidade: "Evangelizar – dizia Paulo VI – constitui, de fato, a graça e a vocação própria da Igreja, a sua mais

---

[77] Bento XVI, *Homilia* por ocasião da Viagem Apostólica a Portugal no 10º aniversário da Beatificação de Jacinta e Francisco, pastorinhos de Fátima, Porto (14 de maio de 2010).

[78] Cf. Concílio Ecumênico Vaticano II, Decreto sobre a atividade missionária da Igreja *Ad gentes*, 1-4.

[79] Bento XVI, *Audiência Geral*, 10 de outubro de 2012.

profunda identidade. Ela existe para evangelizar, ou seja, para pregar e ensinar, ser o canal do dom da graça".[80]

Papa Francisco, na *Evangelii gaudium*, chama todo o povo de Deus a constituir-se "em estado permanente de missão",[81] chegando a identificar a própria vida da Igreja com a missão: "A missão no coração do povo não é uma parte da minha vida, ou um ornamento que posso pôr de lado; não é um apêndice ou um momento entre tantos outros da minha vida. É algo que não posso arrancar do meu ser, se não me quero destruir. Eu sou uma missão nesta terra, e para isso estou neste mundo. É preciso considerarmo-nos como que marcados a fogo por esta missão de iluminar, abençoar, vivificar, levantar, curar, libertar".[82] O mandato missionário de Jesus é uma ressonância da comunhão do amor trinitário, um convite a dar-lhe, sob o impulso do Espírito, uma expressão concreta no tempo e no espaço. A Igreja só tem sentido como instrumento da comunicação desse amor. Deste modo, participa da missão de Deus.

39. "Só o próprio Deus pode criar a sua Igreja, Deus é o primeiro agente: se Deus não age, as nossas coisas são apenas as nossas e são insuficientes; só Deus pode testemunhar que é ele quem fala e falou. Pentecostes é a condição do nascimento da Igreja [...]. Deus está sempre no início."[83]

---

[80] Paulo VI, Ex. Ap. *Evangelii nuntiandi* (8 de dezembro de 1975), 14.

[81] Francisco, Ex. Ap. *Evangelii gaudium* (24 de novembro de 2013), 25.

[82] Ibid. 273.

[83] Bento XVI, *Reflexão* durante a Primeira Congregação da XIII Assembleia Geral Ordinária do Sínodo dos Bispos (8 de outubro de 2012).

Papa Francisco, na *Evangelii gaudium*, recorda: "Embora esta missão nos exija uma entrega generosa, seria um erro considerá-la uma heroica tarefa pessoal, dado que ela é, primariamente e acima de tudo, o que possamos sondar e compreender, obra de Deus. Jesus é 'o primeiro e o maior evangelizador'. Em qualquer forma de evangelização, o primado é sempre de Deus, que quis chamar-nos para cooperar com ele e impelir-nos com a força do seu Espírito".[84]

É o Espírito que decide os passos de Paulo e o destino da sua viagem. O apóstolo vive a perplexidade e a incerteza de uma caminhada que parece proceder sem desenvolver o que já foi semeado.

40. Estamos habituados a pensar que fomos convidados a semear algo que nos pertence, que foi confiado só a nós. A nossa tarefa é examinar, intuir, reconhecer nos lugares do humano a semente que germina e cresce. Cabe a nós cuidar dela, libertando o campo de tudo o que impede o crescimento, a fim de que a semente produza fruto abundante (cf. Mt 13,4-9.19-24). É a humildade do serviço missionário. "A verdadeira novidade é aquela que o próprio Deus misteriosamente quer produzir, aquela que ele inspira, aquela que ele provoca, aquela que ele orienta e acompanha de mil e uma maneiras. Em toda a vida da Igreja, deve-se sempre manifestar que a iniciativa pertence a Deus, 'porque ele nos amou primeiro'" (1Jo 4,10) e "é só Deus que faz crescer" (1Cor 3,7)".[85]

---

[84] Francisco, Ex. Ap. *Evangelii gaudium* (24 de novembro de 2013), 12.
[85] Ibid.

A missão, de fato, não é proselitismo ou ativismo prático, é comunicação de amor, no poder do Espírito Santo. "Conservemos o fervor do espírito, portanto; conservemos a suave e reconfortante alegria de evangelizar, mesmo quando for preciso semear com lágrimas! Que isto constitua para nós, como para João Batista, para Pedro e para Paulo, para os outros apóstolos e para uma multidão de admiráveis evangelizadores no decurso da história da Igreja, um impulso interior que ninguém nem nada possam extinguir. Que isto constitua, ainda, a grande alegria das nossas vidas consagradas. E que o mundo do nosso tempo que procura, ora na angústia, ora com esperança, possa receber a Boa-Nova dos lábios não de evangelizadores tristes e descoroçoados, impacientes ou ansiosos, mas sim de ministros do Evangelho cuja vida irradie fervor, pois foram os primeiros a receber em si a alegria de Cristo, e são aqueles que aceitaram arriscar a própria vida para que o reino seja anunciado e a Igreja seja implantada no meio do mundo."[86]

Testemunhas na Igreja

41. Mais do que a diaconia e as obras apostólicas, a missão atravessa todas as dimensões da nossa vida de consagrações especiais, chamada a "tornar-se missão",[87] anúncio da novidade do Reino de Deus, reconhecimento e profecia da sua presença silenciosa entre nós. Os consa-

---

[86] Paulo VI, Ex. Ap. *Evangelii nuntiandi* (8 de dezembro de 1975), 80.
[87] Cf. João Paulo II, Ex. Ap. pós-sinodal *Vita consecrata* (25 de março de 1996), 72.

grados e as consagradas, "pelo mais profundo do seu ser, situam-se de fato no dinamismo da Igreja, sequiosa do Absoluto de Deus e chamada à santidade. É dessa santidade que dão testemunho. Eles encarnam a Igreja desejosa de se entregar ao radicalismo das bem-aventuranças. Eles são, enfim, pela sua mesma vida, sinal de uma total disponibilidade para Deus, para a Igreja e para os irmãos. E em tudo isto, portanto, têm os religiosos uma importância especial no quadro de testemunho que, conforme frisamos em precedência, é primordial na evangelização".[88]

Inseridos na missão eclesial, participamos dela plenamente, superando os limites dos nossos Institutos. Toda forma de vida consagrada é, portanto, chamada a tornar visível na vida e nas obras aquilo que a Igreja privilegia e indica como sua missão no mundo contemporâneo.

Ressoa um convite como imperativo urgente: reconhecer os portos para os quais o Espírito nos orienta através das instâncias que a Igreja nos dirige; conceber modalidades de escuta e de encontro para harmonizar os carismas e, com coragem evangélica, projetos de comunhão. Toda a vida consagrada, nas suas diversas formas – virginal, monástica, apostólica, secular –, é missionária.

As origens, um convite ao Evangelho

42. Papa Francisco, na Carta Apostólica endereçada a todos os consagrados, convida à gratidão, à paixão e à

---

[88] Paulo VI, Ex. Ap. *Evangelii nuntiandi* (8 de dezembro de 1975), 69.

esperança.[89] A gratidão da Igreja vai para as pessoas consagradas cujo "apostolado é muitas vezes marcado por uma originalidade e por uma feição própria, que lhes granjeiam forçosamente admiração. Depois, eles são generosos: encontram-se com frequência nos postos de vanguarda da missão e a arrostar com os maiores perigos para a sua saúde e para a sua própria vida. Sim, verdadeiramente a Igreja deve-lhes muito!".[90] A história missionária dos consagrados e das consagradas vivida como Família religiosa, Ordem, Congregação e Instituto honra e fecunda a Igreja no decorrer dos séculos. A nossa história brilha com testemunhos de santidade e com relatos martiriais que narraram e narram o primado de Deus, a fantasia criadora do Espírito e a sua força transformadora na vida das pessoas, das fraternidades, das coletividades operosas marcadas pelo Evangelho. Dos claustros das Ordens contemplativas – onde sempre ecoou a vida dos povos – às cátedras de sabedoria, às escolas rurais e provinciais; das comunidades paroquiais aos lugares de cura para toda doença; das capelas onde se reza aos caminhos do mundo onde se anuncia, aos centros sociais, às oficinas nas quais o trabalho torna o tempo sagrado; dos dispensários às casas de refúgio, às encruzilhadas dos esquecidos e dos sem-teto, a vida consagrada procurou ser sinal da proximidade de Deus.

Os nossos Fundadores e as nossas Fundadoras, obedientes à ação do Espírito, acolheram os seus carismas para

---

[89] Francisco, *Carta Apostólica* a todos os consagrados por ocasião do Ano da Vida Consagrada (21 de novembro de 2014).

[90] Paulo VI, Ex. Ap. *Evangelii nuntiandi* (8 de dezembro de 1975), 69.

que a sua Igreja possa brilhar no mundo: "A experiência mais bela – afirma Papa Francisco – é descobrir de quantos carismas diferentes e de quantos dons do seu Espírito o Pai enche a sua Igreja! [...] E quando a Igreja, na variedade dos seus carismas, se exprime em comunhão, não pode errar: é a beleza e a força do *sensus fidei*, daquele sentido sobrenatural da fé, que é dado pelo Espírito Santo".[91]

43. Na variedade das situações humanas feridas, o Espírito suscitou diaconias, ousadia e genialidade com os seus carismas, que ofereceram bálsamo de solidariedade e ternura, de dignidade e esperança. Todas as nossas Famílias conheceram nas suas origens e nas várias fases de desenvolvimento o florescer de mediações impensadas, e de novos caminhos de fraternidade e de diaconia profética.

Não nos esqueçamos da graça das origens, da humildade e da pequenez dos inícios que tornaram transparente a ação de Deus na vida e na mensagem daqueles que, cheios de admiração, iniciaram a caminhada, percorrendo estradas de terra e sendas não batidas. As origens da nossa história na Igreja serão sempre para nós um convite à pureza do Evangelho, um horizonte de fogo cheio da criatividade do Espírito Santo, uma arena na qual medir a nossa verdade de discípulos e de missionários.

O Pentecostes das nossas origens pode estar longe; o rumor *como de vento impetuoso* pode calar-se; as *línguas de fogo* (cf. At 2,1-3) podem não ser mais visíveis aos nossos

---

[91] Francisco, *Audiência geral* (Roma, 1º de outubro de 2014).

olhos de carne e pode parecer-nos que estão mudas. Como Paulo, gostaríamos de voltar aos lugares e às pessoas conhecidas. Corremos o risco do já feito, da busca de seguranças cotidianas, de caminhos conhecidos, de visibilidade distante do estilo do Evangelho: "Convido-vos a uma fé que saiba reconhecer a sabedoria da fraqueza. Nas alegrias e nas aflições do tempo presente, quando a dureza e o peso da cruz se fazem sentir, não tenhais dúvida de que a *kenosis* de Cristo já é vitória pascal. Precisamente no limite e na debilidade humana somos chamados a viver a conformação com Cristo, numa tensão totalizadora que antecipa, na medida possível do tempo, a perfeição escatológica. Nas sociedades da eficácia e do sucesso, a vossa vida marcada pela 'menoridade' e pela fragilidade dos pequeninos, pela empatia com quantos não têm voz, torna-se um sinal evangélico de contradição".[92]

44. A vida consagrada, atenta aos sinais dos tempos e dos lugares, soube responder com criatividade e audácia, com verdadeira "genialidade",[93] como escrevia o Beato Paulo VI na *Evangelii nuntiandi*, às necessidades espirituais, culturais ou sociais que se manifestavam, sempre através do mistério pascal do Senhor. Participante das alegrias e das dores da humanidade, mostrou o rosto mais humano da Igreja.

---

[92] Bento XVI, *Homilia* na Festa da Apresentação do Senhor, XVII Jornada Mundial da Vida Consagrada (2 de fevereiro de 2013).

[93] Paulo VI, Ex. Ap. *Evangelii nuntiandi* (8 de dezembro de 1975), 69.

Estivemos presentes nos lugares da dor, da ignorância, da exclusão, da falta de sentido, lá onde o horizonte se abaixava até sumir na noite.

Estivemos ao lado daqueles que procuravam o rosto de Deus no dia a dia e, às vezes, no fatigante fluir dos acontecimentos humanos e compartilhamos em solidariedade o nosso pão e o nosso tempo, a nossa alegria e a nossa esperança.

Não poucas pessoas encontraram acolhida e acompanhamento no âmbito de comunidades religiosas e nas suas obras, que deram motivação e força para recomeçar a viver.

45. A história missionária da Igreja coincide, em grande parte, com a história da vida consagrada. Numerosos são os consagrados que, no decorrer dos séculos, atravessaram as fronteiras da sua nação por obra do Espírito, como Paulo e os seus companheiros embarcaram para Trôade (cf. At 16,6-8). Muitos deles souberam mostrar um apreço profundo pelas pessoas encontradas e pela sua cultura. Em tempos passados ajudaram a defendê-las das ameaças dos colonizadores; hoje se colocam em defesa das culturas para protegê-las de quem controla os processos de globalização com desprezo à singularidade cultural das minorias. Em cada tempo, os consagrados e as consagradas contribuíram para o diálogo entre as culturas e entre as tradições religiosas, favorecendo dignidade e identidade a tanta gente posta à margem e humilhada pelos prepotentes da vez.

As múltiplas expressões da missão (iniciativas, obras, opções, presenças, gestos), floridas pelos carismas de Ordens, Congregações, Sociedades de vida apostólica, Institutos seculares, constituem um patrimônio eclesial considerável e luminoso que contribuiu para manter viva a energia missionária da Igreja.

Conscientes da fraqueza

46. Hoje nos é pedido que acolhamos graça e limites com a coragem do discernimento. Somos chamados à conversão. Herdamos do passado muitas instituições e projetos que foram instrumentos ao serviço da Igreja e da sociedade. Nem sempre a chamada do Senhor encontrou o eco desejado no coração das pessoas consagradas e das suas instituições. Nem toda história foi escrita com aquela linguagem de transparência e de amor que exigia o anúncio do Evangelho, a missão confiada por Jesus à sua Igreja. Reconheçamos que houve ocasiões em que a falta de testemunho evangélico depreciou a credibilidade da mensagem. Às vezes se evangelizou com a imposição, com senso de superioridade, prevaricando sobre a liberdade humana. Nem sempre os missionários souberam reconhecer a presença de Deus nas culturas e nas tradições que encontravam nos lugares aos quais eram enviados.

O nosso julgamento segundo o Evangelho teve muitas vezes de se lamentar pela incapacidade de estar próximos de quem desejava partilhar desespero e esperança. Constatamos com tristeza que houve situações em que as nossas pessoas e as nossas Comunidades – Ordens, Institutos, Sociedades – se deixaram atrair pela órbita dos poderosos e dos ricos, para compartilhar as suas ideias e o seu estilo, desbaratando o compromisso com os pobres e os excluídos. A tentação da mundanidade presente em diversas formas, muitas vezes dissimuladas, em alguns momentos triunfou sobre nossas escolhas evangélicas. O medo bloqueou a liberdade de denunciar o que se opunha ao projeto de Deus.

Humilha-nos pensar quão frequentemente o dever missionário foi danificado pelo fechamento monopolístico e míope nas obras próprias, pela desconfiança recíproca na corresponsabilidade, pelas idolatrias para com os próprios fundadores. Nas últimas décadas ficamos angustiados por termos traído a confiança das famílias que nos tinham confiado crianças e jovens para cursos educativos.

Escutemos com humildade as vozes de pessoas e de acontecimentos que desde a periferia continuam a nos pedir fidelidade. A memória das origens pode nos ajudar a recuperar a confiança no poder do Espírito: "Não tenho nem ouro nem prata, mas o que tenho eu te dou: em nome de Jesus Cristo Nazareno, põe-te a caminhar!" (At 3,6).

"Não podemos deixar as coisas como estão"

47. O anúncio cristão tem no seu coração um conteúdo ineludivelmente social, e o Espírito Santo, que "busca penetrar em cada situação humana e em todos os vínculos sociais",[94] sabe "desfazer os nós das vicissitudes humanas

---

[94] Francisco, Ex. Ap. *Evangelii gaudium* (24 de novembro de 2013), 178.

mais complexas e impenetráveis".[95] Portanto, "Uma fé autêntica – que nunca é cômoda nem individualista – comporta sempre um profundo desejo de mudar o mundo, transmitir valores, deixar a terra um pouco melhor depois da nossa passagem por ela".[96] É preciso avançar em duas diretrizes, ambas necessárias e urgentes.

A primeira é a renovação da pastoral ordinária, que visa aproveitar todas as ocasiões para fazer ecoar o frescor da boa notícia; a segunda é constituída por novas propostas e iniciativas missionárias a implantar com criatividade e audácia. Em ambas as frentes, somos chamados a mostrar de maneira credível a beleza de Cristo: se é verdade que a Igreja "nunca se cansou de dar a conhecer ao mundo inteiro a beleza do Evangelho",[97] não é menos verdade que diante da crise da totalidade moderna e do triunfo da fragmentação pós-moderna é mais que nunca urgente propor aos homens do nosso tempo aquele *todo no fragmento*,[98] que é exatamente a beleza que salva.

Os princípios da Evangelii gaudium

48. Na exortação *Evangelii gaudium*, o Papa Francisco oferece quatro princípios-chave para nos guiar na "construção de um povo em paz, justiça e fraternidade",[99]

---

[95] João Paulo II, *Audiência geral* (24 de abril de 1991).

[96] Francisco, Ex. Ap. *Evangelii gaudium* (24 de novembro de 2013), 183.

[97] Bento XVI, Carta Ap. em forma de *motu proprio Ubicumque et semper* (Castel Gandolfo, 21 de setembro de 2010).

[98] H. U. von Balthasar, *Il tutto nel frammento*, Milano: Jaca Book, 1972.

[99] Francisco, Ex. Ap. *Evangelii gaudium* (24 de novembro de 2013), 221.

e para poder realizar nos fatos aquilo que temos escutado e aprendido pela Palavra e pelos pobres. Estas orientações, sublinha o Pontífice, são "muito apropriadas também para a evangelização" e válidas "dentro de cada nação e no mundo inteiro".[100] São princípios orientadores, grandes diretrizes nas quais todos se podem inspirar, na política e na economia, na sociedade e na Igreja. Sobretudo na sua missão de anunciar a Boa-Nova.

Ao enunciar os quatro princípios, o Santo Padre parte da visão da Igreja como um poliedro, que é a união de todas as partes, e na sua unidade conserva a originalidade de todas as parcialidades individuais.[101]

49. *O tempo é superior ao espaço*.[102] O tempo inicia os processos que requerem saber esperar: é preciso mais iniciar processos do que ocupar espaços de poder. Trata-se mais de privilegiar com paciência o início de processos do que prescindir da busca do resultado imediato e do controle aos quais o senso de responsabilidade e as boas intenções poderiam levar. A encíclica *Lumen fidei* sublinha: "o espaço cristaliza os processos, ao passo que o tempo projeta para o futuro e impele a caminhar na esperança".[103] A parábola do trigo e da cizânia (cf. Mt 13,24-30.36-43) mostra um exemplo evangélico.

---

[100] Ibid.

[101] Cf. Francisco, Ex. Ap. *Evangelii gaudium* (24 de novembro de 2013), 236.

[102] Ibid. 222-225.

[103] Francisco, Carta Enc. *Lumen fidei* (29 de junho de 2013), 57.

"Para se chegar a um estado de maturidade, isto é, para que as pessoas sejam capazes de decisões verdadeiramente livres e responsáveis, é preciso dar tempo ao tempo, com uma paciência imensa. Como dizia o Beato Pedro Fabro: 'O tempo é o mensageiro de Deus'."[104]

50. *A unidade prevalece sobre o conflito.*[105] Somos chamados a aceitar os conflitos, a nos encarregarmos deles sem lavar nossas mãos, mas sem ficarmos presos a eles para transformá-los em novos processos que preveem a comunhão nas diferenças, que são acolhidas como tais. "A comunhão consiste também em enfrentar juntos e unidos as questões mais importantes, como a vida, a família, a paz, a luta contra a pobreza em todas as suas formas, a liberdade religiosa e de educação. Em particular, os movimentos e as comunidades são chamados a colaborar na cura das feridas produzidas por uma mentalidade globalizada, que coloca no centro o consumo, esquecendo-se de Deus e dos valores essenciais da existência."[106]

51. *A realidade é mais importante que a ideia.*[107] No terceiro princípio, o Papa Francisco acentua com força e eficácia a prevalência da realidade. A ideia – como já foi recordado – é fruto de uma elaboração que pode sempre correr o risco de cair no sofisma, separando-se do real. Para o Papa, a realidade é sempre superior à ideia. Nos nossos

---

[104] Cf. Francisco, Ex. Ap. *Evangelii gaudium* (24 de novembro de 2013), 171.

[105] Cf. ibid. 226-230.

[106] Francisco, *Discurso* aos participantes no III Congresso Mundial dos Movimentos Eclesiais e das Novas Comunidades (22 de novembro de 2014).

[107] Cf. Francisco, Ex. Ap. *Evangelii gaudium* (24 de novembro de 2013), 231-233.

institutos corremos o risco de formular propostas lógicas e claras, documentos sobre documentos, que se afastam da realidade nossa e das pessoas às quais somos enviados. Deixamo-nos fascinar pela novidade dos projetos, das iniciativas, e nos esquecemos de que a mudança mais importante depende de nós e da nossa vontade e capacidade de realizá-la. A lógica da encarnação (1Jo 4,2) é o critério condutor deste princípio. "Não pôr em prática, não levar à realidade a Palavra é construir sobre a areia, permanecer na pura ideia e degenerar em intimismos e gnosticismos que não dão fruto, que esterilizam o seu dinamismo."[108] Isto tem mais valor ainda na nossa sociedade digital submersa por palavras, informações, dados, imagens, mexerico intelectual que frequentemente reduzem fé, política, relações pessoais e sociais à mera retórica.

52. *O todo é superior à parte.*[109] Somos chamados a ampliar o olhar para reconhecer sempre o bem maior. Este princípio é compreendido segundo a imagem do poliedro que compõe as diferenças. Elas pedem para serem sustentadas por uma cultura do diálogo como itinerário fatigante de busca do interesse geral: somos enviados para encontrar laços e relações a fim de articular o que não é homogêneo em diversos níveis (do mais local ao mais global) e nos diversos âmbitos (do mais material ao mais espiritual).

---

[108] Ibid. 233.
[109] Ibid. 235-237.

Levantar perguntas

53. Os carismas presentes na vida consagrada, principalmente aqueles de fundação, devem brilhar com esse paradigma eclesial. No presente parece que a vida consagrada baixou a âncora missionária em portos experimentados, seguros, privados. Deste modo se abandona a navegação na barca de Pedro, que, embora arriscada e às vezes em meio às vagas, tem sempre a segurança da presença de Jesus Cristo (cf. Mc 4,35-41). Impõem-se a fadiga e a graça do discernimento, visto que os carismas de fundação fazem uma pergunta sobre as emergências da história que exige o compromisso de uma resposta. A identificação dos problemas, das perguntas e das respostas é ponto de partida decisivo para toda forma de vida consagrada. As nossas respostas missionárias não podem basear-se apenas nos critérios da eficácia-eficiência, mas na valorização da credibilidade, da confiabilidade evangélica do dom do Espírito dado a nós para o bem da Igreja: "Os nossos serviços, as nossas obras, a nossa presença correspondem àquilo que o Espírito pediu aos nossos Fundadores, sendo adequados para encalçar as suas finalidades na sociedade e na Igreja atual? Há algo que devemos mudar? Temos a mesma paixão pelo nosso povo, solidarizamo-nos com ele até ao ponto de partilhar as suas alegrias e sofrimentos, a fim de podermos compreender verdadeiramente as suas necessidades e contribuir com a nossa parte para lhes dar resposta?".[110]

---

[110] Cf. Francisco, *Carta Apostólica* a todos os consagrados por ocasião do Ano da Vida Consagrada (21 de novembro de 2014), 2.

A nossa missão é espaço de criatividade produzido pelo encontro do carisma com a história. Um carisma que exclui a si mesmo do confronto eclesial e da história, limitando-se a um circuito fechado, corre o risco de transformar as comunidades num espaço para apenas iniciados de identidade forte presumida. Na realidade condena a si mesmo a uma identidade fraca que olha para si mesma sem horizonte.

Convidamos a olhar com verdade para a sua vivência carismática e missionária, a fim de não ser apenas um nome que identifica o Instituto, mas a relação que nasceu entre os fundadores, e nos tempos que se seguiram a eles, e a história, gerando história de salvação. O presente não concede horizontes fechados. Trata-se de repensar a missão não só dentro do horizonte da *communio Ecclesiarum*, dado eclesiológico sem retorno, mas sobretudo na consciência de que hoje outros horizontes invadem e segmentam o nosso.

Uma pedagogia da confiabilidade

54. A identidade carismática se torna missão quando se transforma num projeto pessoal, coletivo e eclesial. Somos convidados a levantar e fazer perguntas sem a pretensão de respostas imediatas, que mantêm a inquietação de voltarmos a perguntar. É a raiz da missão que se projeta além do nosso horizonte. Quando indivíduos e fraternidade quase removem o desejo e a tensão de se fazer perguntas, vivem um fenômeno de domesticada resignação, em que a rotina se torna quieto viver e as diversidades perdem voz.

Motivações e desmotivações. No Ocidente ocorre um inevitável redimensionamento numérico e uma nova demanda de confiabilidade apostólica. O primeiro diminuiu em muitas realidades a regeneração dos recursos: ausência de novas vocações; contração numérica; aumento dos óbitos; venda de imóveis e cessação da atividade apostólica. O segundo, menos notado, é um processo de progressiva desmotivação das pessoas consagradas ou das fraternidades e comunidades, o qual engendra indiferença para com qualquer mudança. A motivação é o recurso por excelência que permite identificar, mesmo na escassez dos recursos, possíveis sinergias eclesiais para um serviço compartilhado. Unida com a avaliação realística dos recursos, fica clara a possibilidade de manter orientações de mudança e exige decisões funcionais. Conseguir avaliar as expectativas de futuro – fora de fáceis alarmismos – ajuda a predispor possíveis estratégias.

Processo difusivo. O planejamento é formulação de ideias, isto é, um processo difusivo: as ideias se comunicam por contágio. Serve a uma atitude de abertura mental e, sobretudo, de conversão: reelaboramos o patrimônio comum de normas, valores, mapas mentais, para dar vida a ele.

Pessoas, comunidades, Institutos sem motivações aceitas e partilhadas dificilmente elaboram uma visão e têm capacidade de futuro. Pode-se dizer que está em ação uma conversão motivacional do grupo se se percebe o tempo da indecisão como dano coletivo e se está disposto a convergir para um denominador comum.

A confiabilidade. Consagrados e consagradas, nas assembleias de participação e de consulta, frequentemente prometem mais do que podem cumprir. É uma dimensão subestimada na qual está em jogo o capital de confiabilidade do grupo. Cada um é chamado à disponibilidade, a qual se traduz em compreensão e partilha, com atitudes repetidas e confirmadas no tempo. Deste modo nascem confiança e cooperação estáveis.

55. Como resposta aos sinais decididos de mudança em ato na vida consagrada, recolhem-se reações nostálgicas, remoção dos problemas e resignação. Perde-se o tempo das oportunidades. Convidamos a uma renovada pedagogia da confiabilidade. As decisões e as escolhas são o próximo futuro missionário "capaz de transformar tudo".[111] Elas nos chamam a atuar juntos nos territórios nos quais estamos presentes. A criatividade exigida pela nova evangelização será fruto do Espírito que criou os carismas e pode recriá-los e torná-los agentes vivos de evangelização em caminhos comuniais.

Sozinha, nenhuma instituição religiosa poderá ter luz e força para enfrentar a complexidade de hoje. Percebe-se a fecundidade da relação entre dons hierárquicos e carismáticos: o Espírito Santo "realiza esta maravilhosa comunhão entre os fiéis e une-os de tal modo intimamente em Cristo que se torna o princípio da unidade da Igreja".[112]

---

[111] Francisco, Ex. Ap. *Evangelii gaudium* (24 de novembro de 2013), 27.

[112] Congregação para a Doutrina da Fé, Carta *Iuvenescit Ecclesia* aos Bispos da Igreja Católica sobre a relação entre dons hierárquicos e carismáticos para a vida e a missão da Igreja (15 de maio de 2016), 13.

A coessencialidade entre episcopado e carismas, entre perfil petrino e perfil mariano, indica-nos um âmbito fundamental ulterior de comunhão com vistas à missão "com quantos na Igreja estão empenhados no mesmo empreendimento, especialmente com os Pastores".[113]

---

[113] João Paulo II, Ex. Ap. pós-sinodal *Vita consecrata* (25 de março de 1996), 81.

FORA DA PORTA

De noite Paulo teve uma visão. Um homem da Macedônia se apresentou diante dele e pediu-lhe: "Vem para Macedônia e ajuda-nos". Embarcamos em Trôade e fomos diretamente para a Samotrácia e, no dia seguinte, para Neápolis. Dali nos dirigimos para Filipos, que é a principal cidade desta parte da Macedônia, e colônia romana. Lá passamos alguns dias. No sábado, saímos fora da porta, a um lugar à beira do rio, onde parecia-nos haver oração. Sentados, começamos a falar às mulheres que se tinham reunido. Uma delas, chamada Lídia, negociante de púrpura da cidade de Tiatira, e adoradora de Deus, escutava-nos. O Senhor lhe abrira o coração, para que ela atendesse ao que Paulo dizia. Tendo sido batizada, ela e os de sua casa, fez-nos este pedido: "Se me julgais fiel ao Senhor, vinde e ficai na minha casa". E coagiu-nos a aceitar.

(At 16,9.11-15)

À escuta

56. São múltiplas as possibilidades que a Sagrada Escritura nos oferece para inspirar, iluminar e guiar a dinâmica *em saída* da nossa existência. Escolhemos uma página dos Atos dos Apóstolos (16,1-40): a passagem de Paulo apóstolo para a Macedônia. Aqui se inicia a evangelização dos mundos e das culturas do império romano.

Estamos durante a segunda viagem missionária que Paulo realiza junto com Silas e Timóteo. Vejamos de perto os fatos principais, sublinhando os seus núcleos.

Depois do Concílio de Jerusalém e da solução das tensões em Antioquia (cf. At 15,22-35), com a ajuda encorajadora de Judas e Silas, Barnabé e Paulo ficaram ainda naquela comunidade "ensinando e anunciando, com muitos outros, a palavra do Senhor" (At 15,35). Em seguida decidem voltar e "visitar os irmãos em todas as cidades nas quais pregamos a palavra do Senhor" (At 15,36). No entanto, um desentendimento com Marcos interrompe logo a colaboração: Barnabé vai para Chipre e Paulo para a Síria e a Cilícia, acompanhado de Silas (At 15,39-41) e depois também de Timóteo.

Na Anatólia encontram as comunidades já fundadas na primeira viagem missionária e comunicam "as decisões tomadas pelos apóstolos e presbíteros de Jerusalém" (At 16,4). Estranhamente, porém, não conseguem dirigir-se para o interior: são misteriosamente *impedidos* pelo Espírito, protagonista imprevisível. Finalmente, dirigem-se para o norte, indo a Trôade. É nesse contexto que Paulo tem a aparição noturna de um macedônio que suplica: "Vem para a Macedônia e ajuda-nos" (At 16,9). "Procuramos partir logo para a Macedônia, convencidos de que Deus nos chamava para anunciar-lhes a Boa-Nova" (At 16,10). Talvez seja um sonho ou um pesadelo, mas é lido como *chamada*, à qual *imediatamente* respondem embarcando (cf. At 16,10-11).

Começa assim a evangelização do continente europeu: da cidade de Filipos, habitada por colonos romanos e veteranos do exército, sem uma sinagoga estável ou outras estruturas religiosas organizadas. Os pregadores, que se apoiavam nas sinagogas para o primeiro anúncio, veem-se forçados a inventar novas possibilidades de encontro.

57. "No sábado, saímos fora da porta, a um lugar à beira do rio, onde parecia-nos haver oração. Sentados, começamos a falar às mulheres que se tinham reunido" (At 16,13). Conhecendo usos e prescrições religiosas do tempo, os missionários imaginam encontrar pessoas *fora da porta, à beira do rio*, ou junto às fontes, para as abluções rituais. De fato, era necessária a água corrente. Não se veem sinais particulares, tudo é normal: sentar-se, falar e conversar com algumas mulheres presentes. Paulo, de formação rabínica, educado a não perder tempo com as mulheres, deve adaptar-se: "começamos a falar às mulheres que se tinham reunido" (At 16,13).

Estilo familiar, conversação informal: uma semente lançada na esperança.

"Uma delas, chamada Lídia, [...] adoradora de Deus, escutava-nos" (At 16,14). Entre as mulheres presentes está uma comerciante de púrpura, Lídia de Tiatira, cidade famosa pelo trabalho em tecidos, recordada também no Apocalipse (cf. Ap 1,11; 2,18-19). Essa mulher está aberta aos valores religiosos hebraicos: o texto diz *sebomenê ton theon, adoradora/crente em Deus* (v. 14; cf. 13,43; 10,2). Lucas gosta de apresentar como exemplos algumas personagens que se abeiram do *umbral* da fé: Lídia está "escutando" (imperfeito contínuo), junto com as amigas, aquilo que Paulo diz.

"O Senhor lhe abrira o coração, para que ela atendesse ao que Paulo dizia" (At 16,14). A iniciativa da conversação, na disponibilidade sincera de um coração atento, vem do Senhor: é ele que abre o coração para a fé, o faz arder e o convence (cf. Lc 24,45). A ação de Deus é expressa com um vocábulo audacioso: o verbo grego (*diênoixen*) lembra o dilatar do útero da mulher para que nasça a vida. Para Lídia, é deixar-se levar à vida plena, "vir à luz", "sair do seio", ela que já era *uma crente em Deus*. Também o verbo *aderir* (*prosekein*) indica agarrar-se, segurar-se, encontrar solidariedade. Lídia chega à *terra firme* da fé, à maturidade estável.

58. "Tendo sido batizada, ela e os de sua casa, fez-nos este pedido: 'Se me julgais fiel ao Senhor, vinde e ficai na minha casa'. E coagiu-nos a aceitar" (At 16,15). A hospitalidade que Lídia oferece, com insistência, aos missionários confirma a plenitude da sua adesão à fé. A mulher percebe como dever a necessidade de colocar em prática aquilo que aceitou e está aprendendo: partilhar os seus bens. A sua casa se torna, assim, lugar da assembleia e da oração. Paulo, apegado aos seus esquemas de autonomia, sente-se "constrangido" a uma séria mudança de método (cf. At 18,3; 1Ts 2,9; 2Ts 3,8; 1Cor 4,12; 9,13-15; Fl 4,15-16). A isto faz alusão também a palavra *coagiu*-nos (*parabiasato*) [a ficar] (v. 15). Lídia, *seduzida* por Deus e *nascida*, agora seduz e força: a acolhida prevalece.

59. Seguimos brevemente o desenvolvimento dessa comunidade fundada na oração. "Quando iam rezar" (v. 16), uma escrava adivinha, explorada pelos seus patrões, continuava a procurar Paulo e os seus companheiros, gritando a todos que aqueles estrangeiros eram "servos do Deus altíssimo" (v. 18). Paulo, aborrecido, expulsa o espírito de adivinhação que a possuía. Arruína assim os negócios dos exploradores da mulher, que começam a espalhar o boato de que os novos pregadores subvertem os costumes religiosos. Os magistrados acreditam neles sem muita investigação, mandam açoitar com vara os missionários e os colocam na prisão.

Paulo, Barnabé e Timóteo, apesar dos sofrimentos e da injustiça, continuam a cantar "hinos a Deus, enquanto os prisioneiros estavam a escutá-los" (v. 25). Enquanto rezavam, acontece uma espécie de terremoto, as correntes se soltam e todas as portas se abrem. O carcereiro, despertado pelo acontecido, pensa estar acontecendo uma fuga em massa e quer suicidar-se. Paulo o tranquiliza, e o carcereiro começa a cuidar dos prisioneiros e a lavar as suas feridas; enfim, aceita ser batizado junto com a sua família e oferece a sua mesa para festejar o batismo (v. 26-34). Paulo descobre amigos e discípulos onde menos pensa. Outra família se torna protagonista da construção da comunidade de Filipos, edificada, além de qualquer projeto e expectativa, entre a casa de uma senhora e a casa de um carcereiro. No dia seguinte Paulo é libertado. Em relação a eles, *civis romanus*, fora cometida uma injustiça, mas é prudente que saia da cidade: "Vieram apresentar-lhes desculpas; depois os libertaram e pediram que abandonassem a cidade" (v. 39). Paulo, porém, passa primeiro na casa de Lídia, encontra-se com os irmãos, exortam-se mutuamente, depois parte para Tessalônica (v. 40). A aventura missionária continua.

60. O que tinha sido uma obrigação, aceitar hospedar-se gratuitamente na casa de Lídia, torna-se um recurso providencial. Paulo continuará a ter uma atenção especial para com a comunidade de Filipos, como revela a carta endereçada aos *Filipenses*. Através de Timóteo se informará da evolução e das crises, e só deles aceita o sustento para a sua atividade (cf. Fl 4,15-16). Sobretudo, dedica, além de toda a sua saudade e afeto, um extraordinário hino cristológico (Fl 2,6-11), interpretando os sentimentos com os quais fora acolhido e ajudado. São muitos os valores inspirativos que podemos extrair deste episódio, e que hoje podem orientar-nos nas nossas situações e nas aventuras missionárias.

61. Filipos representava, sem dúvida, uma incógnita e um risco, mas sabendo-se intuir os sinais de Deus – a aparição noturna do macedônio é percebida como *chamada de Deus* (cf. v. 10) – percebem-se possibilidades novas, que chamam a explorar terras desconhecidas. A falta de instituições estáveis aguça a fantasia, e os missionários intuem onde encontrar alguém com quem iniciar, ou seja, "fora da porta à beira do rio" (v. 13). Paulo semeia improvisando, mas é o Senhor quem *abre o coração* à adesão da fé e inspira certas *coações*: o *constrangimento* é fruto da generosidade de Lídia, mas também da sua coerência com a fé praticada. Duas famílias se envolvem nesta primeira aventura: a de uma mulher rica e audaciosa e a do carcereiro, habituado à prepotência e transformado pela surpresa da graça em testemunha de gestos de ternura e generosidade.

As generosidades, os riscos, as feridas se tornaram símbolos e mediações de novidade, só depois compreendidos; um desafio a sair dos esquemas, um exercício de fé e de comunhão sem garantia nem recursos definitivos. Foi uma passagem para a maturidade com sabedoria humana, mas também com *parresia* e audácia, que permitiram abrir caminhos novos ao Evangelho em outra cultura e com outros protagonistas.

62. *Sair fora da porta* continua um símbolo de todas as *saídas* realizadas pelos nossos Fundadores e Fundadoras, os quais lembramos elogiando a sua coragem e genialidade. Nós aprendemos a fazer memória das experiências frágeis, das situações de pobreza e de sofrimento injusto nas nossas origens, de improvisações com risco total vivido por Fundadores e Fundadoras. Não se trata apenas de memória comovente, não podemos reduzir tudo a *legendas áureas*, mas trata-se de encontrar o estado de invenção, o carisma *in statu nascendi*. Oportunidades que devemos sempre retomar e viver, com audácia, mas também com concretude de disponibilidade. Também um pesadelo noturno pode ser interpretado como uma "chamada" de Deus!

No pensamento que gera e transforma

63. A viagem apostólica de Paulo desenha uma geografia inédita do anúncio cristão. Os missionários, prontos a virar segundo a bússola do Espírito, fazem um percurso que desde Jerusalém vai ao encontro de novos territórios, culturas e povos. Atravessam a Frígia, a Galácia, a Mísia, a Bitínia e descem a Trôade; procuram partir para a Macedônia, navegam para Samotrácia e Neápolis, chegam a Filipos. Ficam aí, mas não param. Há outro caminho a percorrer, o caminho que da porta da cidade leva à beira do rio.

Paulo e Silas habitam o mundo em nome do encontro real e da conversação comum, nos lugares cotidianos nos quais a vida decorre sem falsas idealidades e se regenera. Papa Francisco convida a viver a realidade: "Há políticos – e também líderes religiosos – que se interrogam por que motivo o povo não os compreende nem segue, se as suas propostas são tão lógicas e claras. Possivelmente é porque se instalaram no reino das puras ideias e reduziram a política ou a fé à retórica; outros esqueceram a simplicidade e importaram de fora uma racionalidade alheia à gente".[114] Paulo e Silas encontram homens e mulheres nos lugares onde flui a vida com a sua bagagem de trabalho, afã, afetos, desejos, comunicando-lhes a paixão que os habita. Essa visão interior não teme confronto e concretude, torna-se pensamento novo capaz de gerar novos horizontes e novas possibilidades e, portanto, de agir e de transformar. Torna-se movimento generativo.

A pedagogia da secularidade

64. A secularidade da cultura – que degenerará na secularização – põe uma instância que ainda hoje é válida para a reflexão teológica, para o testemunho e o anúncio cristão e, de modo privilegiado, para a formação para a missão. Pode-se falar de uma pedagogia da secularidade,

---

[114] Francisco, Ex. Ap. *Evangelii gaudium* (24 de novembro de 2013), 232.

ou seja, de uma atenção na qual toda a pessoa se educa para viver com alma cristã o mundo, em busca da marca criadora que Deus imprimiu nele. Este processo, que podemos definir como sapiencial e gerador de vida evangélica, deveria fazer parte da formação dos consagrados e das consagradas segundo a sua forma específica de vida.

Em surdina, na *Evangelii gaudium* está presente a pergunta: a secularidade, fenômeno complexo e contraditório, é estranha e oposta à fé cristã ou, ao contrário, consequente com a sua essência? A Igreja reconhece a entidade secular no mundo confiado por Deus à responsabilidade do homem. Ao mesmo tempo vive em aberta solidariedade com ele não para sacralizá-lo, mas para ser semente de santificação. Viver o mundo, portanto, é um arquétipo sobre o qual conjugar a missão profética da Igreja. Segundo a doutrina da *Gaudium et spes*, que fala de uma legítima secularidade da sociedade, as realidades terrestres, profanas, têm uma própria autonomia e razão de ser. "Em virtude do próprio fato da criação, todas as coisas são dotadas de consistência, verdade, bondade e leis próprias."[115] Um envolvimento mais profundo no mundo secular pode ser um caminho para Deus, já que "as realidades profanas e as da fé têm origem no mesmo Deus. Antes, quem se esforça com humildade e constância por perscrutar os segredos da natureza é, mesmo inconscientemente, como que conduzido pela mão de Deus, o qual sustenta as coisas e as faz ser o que são".[116]

---

[115] Concílio Ecumênico Vaticano II, Constituição pastoral sobre a Igreja no mundo contemporâneo *Gaudium et spes*, 36.

[116] Ibid.

65. A missão pede equilíbrio delicado: codeterminar o caminho do mundo secular, sem querer determiná-lo.[117] A Igreja – afirma Papa Francisco – "acompanha a humanidade em todos os seus processos, por mais duros e demorados que sejam. Conhece as longas esperas e a suportação apostólica", enquanto "patenteia muita paciência, e evita deter-se a considerar as limitações".[118]

"A luz verdadeira vinha ao mundo, aquela que ilumina todo homem. Ele estava no mundo e o mundo foi feito por meio dele, mas o mundo não o reconheceu" (Jo 1,9-10): *esta Palavra se realiza nas condições seculares. O paradigma da teologia de Deus no mundo, a encarnação, só se pode exprimir através de categorias seculares.*

A secularidade foi indicada como "o caráter próprio e específico" daquela forma de vida consagrada encarnada nos institutos seculares.[119] A relação com o mundo interpela, hoje, todas as formas de vida consagrada em cada dimensão: o nosso ser, a atitude dialogante, testemunhal, missionária. Paulo sai da porta e caminha à beira do rio: mergulha na secularidade, confrontando a sua fé e permitindo que o encontro o eduque na novidade do Espírito. A Igreja é chamada a entrar neste processo hermenêutico para dar testemunho da fadiga da busca e da alegria de um além: "A experiência humana não é só experiência disto e daquilo, experiência bem definida nos seus conteúdos,

---

[117] Cf. K. Rahner, *Riflessioni teologiche sulla secolaizzazione e sull'ateismo*, in *Nuovi Sagi* IV, Roma: Paoline, 1964-1985, p. 244-257.

[118] Francisco, Ex. Ap. *Evangelii gaudium* (24 de novembro de 2013), 24.

[119] Pio XII, *motu proprio Primo feliciter* (12 de março de 1948), 5.

mas é, também, experiência dos limites, que remete a um horizonte infinito".[120]

66. A paixão nos faz amigos da vida, amigos dos homens, parte desta humanidade que sonha um futuro mais justo e fraterno. É bonito revisitar o pensamento de um homem consagrado num instituto secular que fez do compromisso no mundo um canto missionário: "O nosso plano de santificação está arrasado; acreditávamos que bastariam os muros silenciosos da oração! Acreditávamos que, fechados na fortaleza interior da oração, podíamos escapar dos problemas perturbadores do mundo; [...] uma realidade que nos faz entender que não é uma expressão piedosa o convite de Jesus: 'ide e anunciai o evangelho a toda criatura', ou seja, 'toma a tua cruz e segue-me até o fim'. É preciso transformar a sociedade! [...] É preciso ir à luta, afiar os instrumentos de trabalho; é preciso reflexão, cultura, palavra, trabalho etc., também arados para arar o campo da nova labuta, outras tantas armas para combater a nossa batalha de transformação e de amor. Transformar as estruturas erradas da cidade humana; reparar as casas do homem que se desmoronam, segundo o mandamento principal da caridade".[121] Essa encarnação se torna exigência formativa, uma pedagogia contínua a pôr em ação sem considerá-la de algum modo acabada.

---

[120] K. Rahner, citado em R. Gibellini, *La teologia del XX secolo*, Brescia: Queriniana, 72014, p. 241.

[121] G. La Pira, *Le città sono vive*, Brescia: La Scuola, 2005.

A relação geracional

67. A crise das relações e da comunicação entre as gerações é um fenômeno relevante do nosso tempo. Uma confusão difusa das identidades e das idades, dos papéis e dos sentimentos que condicionam o intercâmbio entre gerações, define a nossa sociedade como adolescêntrica. A crise que vivemos nas relações em todo nível é estreitamente correlata ao conceito de liberdade pessoal. O princípio personalista da liberdade sob condição é substituído pelo princípio permissivo da liberdade sem condição, tomada hoje como simples possibilidade de fazer, não como possibilidade de escolher fazer. Vivemos a crise de proposta de valores: faltam as referências às regras fundamentais plasmadas sobre a natureza do ser humano.

Geração do pós-moderno são os jovens e as jovens que acolhemos conosco no seguimento de Cristo e na missão. A sua vivência nos propõe interrogações. Todos nós, mas especialmente os jovens, somos o fruto dos processos culturais em ação: sobretudo da ideia de indivíduo que se avilta, privado da substancialidade que lhe atribuíam filósofos e teólogos até a idade moderna. Esse pressuposto niilista gera um homem privado da sua individualidade e replicado numa múltipla identidade adequada às situações mais diversificadas. A jovem geração não sabe descrever o seu mal-estar, vive com sofrimento despercebido aquele analfabetismo emotivo que não permite reconhecer os próprios sentimentos.

68. A nova cultura digital, que flui invadindo espaços pessoais, coletivos e sociais, acelera esses processos. Ela contribui para mestiçar crenças, opiniões, tendências e escolhas, desafiando pessoas, agências e lugares incumbidos de transmitir saberes e valores, inclusive a Igreja. "Os meios de comunicação social alcançaram tamanha importância que são, para muitos, o principal instrumento de informação e formação, de guia e inspiração dos comportamentos individuais, familiares e sociais. Principalmente as novas gerações crescem num mundo condicionado por eles."[122] A nova cultura digital, através da tecnologia, dos códigos de transmissão e das linguagens, compõe e decompõe, numa crise sem solução, a identidade do homem, as suas idades, a ideia de mundo. São redefinidas as formas e as figuras da relação social; recolocados os processos de construção mental e as representações do mundo, ou a própria ideia de realidade. A cultura digital que nos coloca à disposição e liga a uma infinita possibilidade de informações e de relação abre – com clara ambivalência – para a desconstrução dos laços sociais sobre os quais se fundam as nossas identidades. Movemo-nos sem valores e sem referências, incapazes de comunicação entre gerações e gêneros, realizando mundos imaginários e fictícios.

69. A crise geracional torna-se provocação generativa a construir lugares reais nos quais, em nome do encontro, possamos crescer na responsabilidade do mundo e, nele, da missão eclesial: "a busca sempre nova e trabalhosa de retos ordenamentos para as realidades humanas é tarefa de cada geração: nunca é uma tarefa que se possa simplesmente dar por concluída. Mas cada geração deve dar a própria contri-

---

[122] João Paulo II, Carta Enc. *Redemptoris missio* (7 de dezembro de 1990), 37.

buição para estabelecer razoáveis ordenamentos de liberdade e de bem, que ajudem a geração seguinte na sua orientação para o reto uso da liberdade humana, dando assim – sempre dentro dos limites humanos – certa garantia para o futuro também".[123] Bento XVI recoloca um problema no centro do debate internacional: a responsabilidade intergeracional.

Convidamos a acompanhar os jovens e as jovens consagradas tecendo laços de conhecimento e de afeto. Eles "chamam-nos a despertar e a aumentar a esperança, porque trazem consigo as novas tendências da humanidade e abrem-nos ao futuro, de modo que não fiquemos encalhados na nostalgia de estruturas e costumes que já não são fonte de vida no mundo atual".[124] A escuta constante e o diálogo franco entre gerações tornam-se lugar de encontro entre as provocações do mundo contemporâneo e a vida consagrada, espaço hermenêutico e criativo para métodos e linguagens novos. Uma pedagogia do humano e do seu mistério de relação: "é conveniente ouvir os jovens e os idosos. Tanto uns como outros são a esperança dos povos. Os idosos fornecem a memória e a sabedoria da experiência, que convida a não repetir tontamente os mesmos erros do passado. Os jovens chamam-nos a despertar e a aumentar a esperança, porque trazem consigo as novas tendências da humanidade e abrem-nos ao futuro, de modo que não fiquemos encalhados na nostalgia de estruturas e costumes que já não são fonte de vida no mundo atual".[125]

---

[123] Bento XVI, Carta Enc. *Spe salvi* (30 de novembro de 207), 25.
[124] Francisco, Ex. Ap. *Evangelii gaudium* (24 de novembro de 2013), 108.
[125] Ibid.

O confronto com a realidade

70. Somos convidados a viver no mundo com o compromisso de nos encontrarmos, de entrarmos em relação. A realidade estrutura-se através de relações e inter-relações significativas e referências de valor. Hoje se fala de relacionalidade significativa que não se exaure nos ligames familiares, mas se alarga até construir um vínculo universal. É através desse pensamento que João Paulo II conquista também os jovens, comunicando compromisso e esperança, e Papa Francisco convida a uma realidade dinâmica para as periferias mais distantes, que das margens e beiras inéditas leva ao centro e além na harmonia planetária: "É preciso prestar atenção à dimensão global para não cair numa mesquinha cotidianidade. Ao mesmo tempo convém não perder de vista o que é local, que nos faz caminhar com os pés por terra".[126] Isto impede as polarizações. Pode-se viver "num universalismo abstrato e globalizante, miméticos passageiros do carro de apoio, admirando os fogos de artifício do mundo, que é de outros, com a boca aberta e aplausos programados", ou pode tornar-se "um museu folclórico de eremitas localistas, condenados a repetir sempre as mesmas coisas, incapazes de se deixar interpelar pelo que é diverso e de apreciar a beleza que Deus espalha fora das suas fronteiras".[127]

71. Papa Francisco insiste: "O que empenha é a realidade iluminada pelo raciocínio. É preciso passar do nomi-

---

[126] Ibid. 234.
[127] Ibidem.

nalismo formal à objetividade harmoniosa. Caso contrário, manipula-se a verdade, do mesmo modo que se substitui a ginástica pela cosmética".[128] E ainda: "É preciso alargar sempre o olhar para reconhecer um bem maior que trará benefícios a todos nós. Mas há que o fazer sem se evadir nem se desenraizar. É necessário mergulhar as raízes na terra fértil e na história do próprio lugar, que é um dom de Deus. Trabalha-se no pequeno, no que está próximo, mas com uma perspectiva mais ampla".[129]

72. A realidade pede conversão criativa. Se não se quer dar resposta a perguntas que ninguém se faz, deixando sem respostas adequadas as perguntas existenciais do homem e da mulher de hoje, é necessário reinventar os modos de anúncio. A criatividade, e a audácia que ela requer, nos torna *sentinela da manhã* (cf. Is 21,11s), capaz de arriscar-se, "de abandonar o cômodo critério pastoral do 'fez-se sempre assim'",[130] de "repensar os objetivos, as estruturas, o estilo e os métodos evangelizadores das respectivas comunidades".[131]

Repensar as estruturas levará às vezes a prescindir daquelas já existentes, como não mais aptas para transmitir a beleza da Boa-Nova.[132] É urgente renovar a linguagem para a compreensão do Evangelho. Transpor o Evangelho, o Magistério eclesial em palavras, imagens e símbolos

---

[128] Ibid. 232.
[129] Ibid. 235.
[130] Ibid. 33.
[131] Ibid.
[132] Cf. ibid. 27.

eloquentes para as culturas contemporâneas, é tarefa árdua também por causa da escassa memória cristã de muita gente nossa: poucos conceitos e absoluta falta de um quadro de referência.

Os modelos e os costumes com que falamos e manifestamos identidades e valores da vida consagrada correm o risco de ser herméticos, incompreensíveis para grande parte da gente: "Espero que todas as comunidades – diz Papa Francisco – se esforcem por atuar os meios necessários para avançar no caminho de uma conversão pastoral e missionária".[133]

A conversão plural

73. A vida consagrada, ao longo dos séculos, foi uma das realidades da Igreja mais fortemente confrontada às diversidades culturais: hoje não pode parar. Continua o caminho de conversão que a chama a tecer relações fecundas.

"É fácil dar-se conta de quão profundo é o ligame que une a missão da Igreja com a cultura e as culturas."[134] A interpretação do Evangelho requer um descentramento cultural. Viver o Evangelho no encontro com as culturas é um caminho que pode renovar a vida consagrada? *Perfectae caritatis* convida a um movimento de atualização. Isso levou a maior familiaridade com o mundo, em particular com os pobres e a marginalidade, e à simplicidade

---

[133] Ibid. 25.

[134] João Paulo II, *Mensagem* aos bispos italianos reunidos em Assembleia em Collevalenza (11 de novembro de 196).

evangélica. Não há evangelização sem uma aproximação respeitosa das culturas, como não há contato com as culturas sem despojar-se de si em nome do Evangelho. O futuro, portanto, nos chama para duas tensões, a estabilidade e as mudanças; chama-nos para ser um lugar de interação entre o particular e o universal.

Somos convidados a aprender a difícil arte da relação com o diferente e da colaboração cordial para construir juntos. Os compromissos e os trabalhos solitários não têm futuro porque nos excluem do mistério da Igreja *comunhão*. A *koinonia* é reforçada na pluralidade na qual brilha "a multiforme sabedoria de Deus" (Ef 3,10).

Esta é a grande conversão que nos provoca também nas escolhas concretas. "Espero que cresça a comunhão entre os membros dos diferentes Institutos." Papa Francisco convida a sair, "com maior coragem, das fronteiras do próprio Instituto para se elaborar em conjunto, em nível local e global, projetos comuns de formação, de evangelização, de intervenções sociais? Poder-se-á assim oferecer, de forma mais eficaz, um real testemunho profético. [...] Ninguém constrói o futuro isolando-se, nem contando apenas com as próprias forças, mas reconhecendo-se na verdade de uma comunhão que sempre se abre ao encontro, ao diálogo, à escuta, à ajuda mútua, e nos preserva da doença da autor-referencialidade. Ao mesmo tempo, a vida consagrada é chamada a procurar uma sinergia sincera entre todas as vocações na Igreja, a começar pelos presbíteros e os leigos, a fim de 'fazer crescer a espiritualidade da comunhão, primeiro no seu seio e depois na própria comunidade eclesial e para além dos seus confins'".[135]

Com as periferias no coração

74. A vida consagrada é chamada a desempenhar a sua missão com modalidades novas em novos contextos, *fora da porta e à beira do rio* (cf. At 16,13). Sentimo-nos chamados a estar presentes, por escolha evangélica, nas situações de miséria e de opressão, de dúvida e de desconforto, de medo e de solidão, manifestando que a ternura de Deus não tem limites, como não tem limites a sua dor pelo sofrimento dos seus filhos.

Jesus nos convida a ir além, a arriscar passos desconhecidos, a colaborar com todo homem de boa vontade para cuidar e vigiar a semente da sua Palavra para que cresça vigorosa. Tudo isto implica sair da indiferença, tirar do anonimato e da humilhação aqueles que são eliminados do caminho da humanidade, não se deixar dominar pelas comodidades nem pelos preconceitos ou pela improvisação presunçosa. Significa, no final das contas, assumir, como Jesus Cristo fez, a mais profunda humanidade. Paulo, com os seus companheiros, fez isso, inventando novos modos para chegar às mulheres e aos homens do seu tempo, vivendo com eles a vida comum do dia a dia.

---

[135] Francisco, *Carta Apostólica* a todos os consagrados por ocasião do Ano da Vida Consagrada (21 de novembro de 2014), II, 3.

Nos postos avançados

75. "A Igreja deve sair de si mesma. Para onde? Para as periferias existenciais, sejam elas quais forem..., mas sair. Jesus diz-nos: 'Ide pelo mundo inteiro! Ide! Pregai! Dai testemunho do Evangelho!' (cf. Mc 16,15)."[136] Uma das características do magistério do Papa Francisco é o convite a dar forma a uma *Igreja em saída*, com um estilo de misericórdia, proximidade e solidariedade. Vigiando para não ceder ao intimismo e entregar-se às pessoas, participantes e responsáveis, com o óleo da esperança e da consolação, por toda fragilidade e inquietação, ilusão e alegria. "É uma questão hermenêutica: compreende-se verdadeiramente a realidade se ela for olhada desde a periferia [...] devemos deslocar-nos da posição central de calma e tranquilidade e dirigir-nos para a zona periférica. Estar na periferia ajuda a ver e entender melhor."[137]

Mergulhar no pensamento poliédrico de Papa Francisco nos oferece uma oportunidade a mais para olhar a realidade desde as periferias. A presença nas fronteiras sempre foi uma constante da vida consagrada, até os postos avançados da missão, correndo os maiores riscos, com audácia e genialidade.[138] Também hoje somos chamados para isso, num tempo de mudanças epocais. Olhar a realidade

---

[136] Francisco, *Palavras do Santo Padre* aos movimentos eclesiais na Vigília de Pentecostes (18 de maio de 2013).

[137] A. Spadaro, "Svegliate il mondo!". Colloquio di Papa Francesco con i Superiori Generali, in *La Civiltà Cattolica*, 165 (2014/I), p. 6.

[138] Cf. Paulo VI, Ex. Ap. *Evangelii nuntiandi* (8 de dezembro de 1975), 69; João Paulo II, Ex. Ap. pós-sinodal *Vita consecrata* (25 de março de 1996), 76.

desde periferias é também a coragem de enfrentar novos desafios, experimentando caminhos novos, a fim de contribuir para "elaborar e atuar *novos projetos de evangelização* para as situações atuais".[139] Trata-se de "criar 'outros lugares' onde se viva a lógica evangélica do dom, da fraternidade, do acolhimento da diversidade, do amor recíproco".[140]

76. Papa Francisco continua a pedir-nos que despertemos o mundo mediante a vida e o ministério.[141] Aceitar o risco de novos destinatários, não escolhidos para interesse próprio, mas explorando, com audácia e compaixão, com genialidade sempre renovada, as novas periferias geográficas, culturais, sociais, existenciais, dentro dos *rejeitados* da história e da indiferença globalizada, entre as mil figuras de rostos desfigurados e de dignidade violada. Releiamos a nossa carta *Perscrutai* e o seu premente convite ao discernimento e a avançar para horizontes desatendidos.[142] Estes lugares do humano, às vezes pouco visitados, convidam à conversão missionária: "enviou-me para anunciar uma mensagem alegre aos pobres, para proclamar aos aprisionados a libertação, aos cegos a recuperação da vista, para

---

[139] João Paulo II, Ex. Ap. pós-sinodal *Vita consecrata* (25 de março de 1996), 73.

[140] Francisco, *Carta Apostólica* a todos os consagrados por ocasião do Ano da Vida Consagrada (21 de novembro de 2014), II, 2.

[141] A. Spadaro, "Svegliate il mondo!". Colloquio di Papa Francesco con i Superiori Generali, in *La Civiltà Cattolica*, 165 (2014/I).

[142] Congregação para os Institutos de Vida Consagrada e as Sociedades de Vida Apostólica, *Perscrutai. Aos consagrados e às consagradas a caminho nos sinais de Deus* (8 de setembro de 2014), São Paulo: Paulinas [original italiano: *Scrutate*].

pôr em liberdade os oprimidos, e para anunciar um ano da graça do Senhor" (Lc 4,18-19).

Caminhar com os pobres

77. Somos chamados para "agir com justiça, amar com ternura e caminhar humildemente com o nosso Deus" (Mq 6,8). Os consagrados e as consagradas estão sempre na primeira linha em defesa da vida ameaçada, na proposta de outro modo de viver possível e necessário. Poucas coisas suscitam admiração, surpresa e atração como ver as pessoas consagradas ao lado de quem não tem nada, daqueles que são considerados os últimos, os rejeitados da sociedade e estão onde outros não querem estar. A opção preferencial pelos pobres, que configurou a vida e a missão de Jesus (Lc 4,18), é um dos critérios fundamentais que guiam o discernimento das Ordens, das Congregações e dos Institutos de vida consagrada e das Sociedades de vida apostólica. A todos nós é pedida uma atenção que ultrapassa a análise sociológica e invoca paixão e compaixão. "Servir os pobres é ato de evangelização e, ao mesmo tempo, selo de fidelidade ao Evangelho e estímulo de conversão permanente para a vida consagrada, porque – como diz São Gregório Magno –, 'quando a caridade se debruça amorosamente a prover mesmo às ínfimas necessidades do próximo, então é que se alteia até aos cumes mais elevados. E quando benignamente se inclina sobre as necessidades extremas, então mais vigorosamente retoma o voo para as alturas'."[143]

---

[143] João Paulo II, Ex. Ap. pós-sinodal *Vita consecrata* (25 de março de 1996), 82.

A *familiaritas cum pauperibus* sempre foi a característica de todo novo "início" e reforma. "A solidariedade [...] não é um sentimento de compaixão vaga ou de enternecimento superficial pelos males sofridos por tantas pessoas próximas ou distantes. Pelo contrário, é a determinação firme e perseverante de se empenhar pelo bem comum; ou seja, pelo bem de todos e de cada um, porque todos nós somos verdadeiramente responsáveis por todos."[144]

Por um humanismo integral e solidário

78. Um sinal profético é constituído por um novo estilo de vida no qual nos comprometemos a integrar a justiça, a paz e a salvaguarda da criação. Papa Francisco recorda isto com força na Encíclica *Laudato si'*: "A consciência da gravidade da crise cultural e ecológica precisa traduzir-se em novos hábitos. Muitos estão cientes de que não basta o progresso atual e a mera acumulação de objetos ou prazeres para dar sentido e alegria ao coração humano, mas não se sentem capazes de renunciar àquilo que o mercado lhes oferece".[145] Este compromisso vivido em nível pessoal e comunitário, em rede com todos os organismos que trabalham para tornar vivos estes valores do Evangelho, permite-nos promover um humanismo integral e solidário. Os nossos estilos de vida, nas várias formas de consagração, têm a força de opor-se aos paradigmas da cultura dominante, à concepção economicista, que tudo mede com os parâmetros da renda produtiva e do útil, na lógica do mercado. São

---

[144] João Paulo II, Carta Enc. *Sollicitudo rei socialis* (30 de dezembro de 1987), 38.

[145] Francisco, Carta Enc. *Laudato si'* (Roma, 18 de junho de 2015), 209.

capazes de representar uma alternativa real à cultura do descarte, no dinamismo da gratuidade e da solidariedade, no respeito da alteridade e no sentido do mistério, abertos ao imprevisível e ao não programável. Devemos neles reconhecer as escolhas saudáveis de austeridade, a recusa do esbanjamento, vividas nas comunidades e pelos indivíduos. Isto nos permite fugir das dinâmicas do consumismo que geram incapacidades de distinguir as necessidades verdadeiras das necessidades puramente induzidas e da mera exploração da natureza. No mundo fragmentado, incapaz de escolhas definitivas e caracterizado por diversos níveis de precariedade, a totalidade do nosso pertencimento a Deus se torna lugar hospitaleiro para a humanidade e para toda a criação. A contemplação, a fidelidade e a fecundidade, o testemunho profético são vivências missionárias para um humanismo integral.

Por um agir não violento

79. Papa Paulo VI, na *Octogesima adveniens*, afirmava: "Não basta recordar os princípios, afirmar as intenções, fazer notar as injustiças gritantes e proferir denúncias proféticas; estas palavras ficarão sem peso real, se não forem acompanhadas, em cada um em particular, de uma tomada de consciência mais viva da sua própria responsabilidade e de uma ação efetiva".[146]

Muitos consagrados e consagradas são chamados a viver a sua missão em áreas nas quais pesam as ameaças de

---

[146] Paulo VI, Carta Ap. *Octogesima Adveniens* (14 de maio de 1971), 48.

violência e de terrorismo, de recrudescência do fundamentalismo religioso e ideológico, de exploração ambiental e de sensibilidade para com outras situações e formas de conflito humano; muitas vezes dando a vida até o martírio. Somos chamados a abrir os nossos corações para abrir espaço para as pessoas que partilham da nossa fé, dos nossos valores, da nossa cultura.

No centro desse encontro esteja o compromisso comum, numa cultura do respeito, da tolerância, da reconciliação e da paz, mas também a colaboração na proteção dos mais fracos, em particular das mulheres e crianças, na prevenção e na garantia de uma adequada punição para os culpados. É preciso desenvolver e exercitar a nossa capacidade criativa: planejar alternativas, criar horizontes, imaginar mundos possíveis. Capazes de uma ação ao mesmo tempo lúcida e portadora de esperança, desencantada e aberta ao futuro, crítica e vital, que vê o real e imagina o futuro, para fazer eco hoje à palavra paradoxal que é o Evangelho, quando anuncia que os últimos serão os primeiros, os aflitos são felizes, a morte é vencida.

No dia a dia da família

80. Ao dar início ao Ano da Vida Consagrada, Papa Francisco fez questão de sublinhar: "Bendigo o Senhor pela feliz coincidência do Ano da Vida Consagrada com o Sínodo sobre a família. Família e vida consagrada são vocações portadoras de riqueza e graça para todos, espaços de humanização na construção de relações vitais, lugares de evangelização. Podem-se ajudar uma à outra".[147] Família e vida consagrada se reconhecem na liberdade do Espírito e na comunhão da Igreja: essa confissão alegre é apoio na caminhada comum de fidelidade, feita cada dia.

O Santo Padre nos recorda ainda que as famílias que encontramos diariamente "com os seus rostos, com as suas histórias, com todas as suas complicações não são um problema, mas uma oportunidade que Deus põe à nossa frente. Oportunidade que nos desafia a suscitar uma criatividade missionária capaz de abraçar todas as situações concretas [...]. Não só das que vêm ou se encontram nas paróquias – isto seria fácil –, mas poder chegar às famílias dos nossos bairros, àquelas que não vêm". A nossa capacidade de proximidade e de audácia "nos impõe que saiamos das declarações de princípio para nos imergirmos no coração palpitante dos bairros e, como artesãos, começarmos a plasmar nesta realidade o sonho de Deus, o que só podem fazer as pessoas de fé, aquelas que não fecham a porta à ação do Espírito, e que sujam as mãos".[148]

Paulo e os seus companheiros encontraram a família hospitaleira de Lídia, que os acompanhará com a sua generosidade ao longo da caminhada missionária, e a do carcereiro, que se torna para eles sinal de hospitalidade e de solidariedade (cf. At 16,13-15.25-34).

---

[147] Francisco, *Carta Apostólica* a todos os consagrados por ocasião do Ano da Vida Consagrada (21 de novembro de 2014), II, 2.
[148] Francisco, *Discurso* na abertura do congresso eclesial da Diocese de Roma (16 de junho de 2016), 1.

Nas fronteiras educativas

81. A Igreja é uma comunidade narradora que faz memória do amor de Deus em Cristo Jesus. Essa narração é essencialmente educativa.

Admirados com o seu ensinamento

A manifestação do mistério de Cristo diz respeito à vida humana inteira em todos os seus âmbitos, e visa introduzir cada homem e todo homem num novo modo de ser e de viver (At 22,8-10). Uma consistente tradição ocidental definia o processo educativo como progressiva condução da pessoa para a plena realização de si mesma. A Igreja acolheu essa visão com hermenêutica nova. A missão da Igreja, portanto, pode ser pensada corretamente em categorias pedagógicas: "Meus filhos, sofro novamente as dores do parto até ver Cristo formado em vós" (Gl 4,19).

O crente percebe a lógica interna à vida de fé e capta a dimensão educativa da sua humanidade. A conexão entre a proposta cristã e a experiência educativa leva à elaboração de uma doutrina pedagógica. Não da doutrina à vida, mas da vida à doutrina.

A vida consagrada nas suas múltiplas formas foi agente educativo ao longo da história humana e eclesial e é chamada a prosseguir nesse caminho, empregando genialidade e diálogo com o mundo. Não podemos limitar a nossa presença, visão e caridade missionária só ao primeiro socorro da indigência, mas com corajosa habilidade devemos acompanhar a tarefa educativa própria da Igreja. É uma contribuição que não podemos deixar de atender, nem com relação à vida eclesial nem com relação à sociedade civil.

82. A tarefa educativa através de toda a nossa missão interroga o nosso modo de olhar e de viver as periferias existenciais, de sermos companhia e socorro, encontro e abraço de misericórdia. Trata-se de orientar no encontro educativo as histórias pessoais de fé; acompanhar e correr o risco das dúvidas que atormentam, das sombras e dos medos que detêm o passo.

Somos chamados à irrenunciável caminhada pedagógica que a Igreja caminhou no mundo, olhando o Mestre Jesus com a humildade dos discípulos: "ensinava nas sinagogas deles e era elogiado por todos; estavam maravilhadas com as palavras cheias de graça que saíam da sua boca. E aos sábados ele os ensinava. Ficavam admirados com o seu ensinamento porque falava com autoridade" (Lc 4,15.22.31.32). Cada ação nossa no campo missionário e diaconal afirma ou nega o ato educativo: depara-se com a história de cada pessoa, dúvidas, fé, opacidade, beleza. Educar no estilo de Cristo ecoa como tarefa profética que a Igreja confia a nós: *"recordar e servir o desígnio de Deus sobre os homens*, tal como é anunciado pela Escritura e resulta também da leitura atenta dos sinais da ação providente de Deus na história".[149]

---

[149] João Paulo II, Ex. Ap. pós-sinodal *Vita consecrata* (25 de março de 1996), 73.

Nas periferias culturais

83. O serviço do conhecimento, a diaconia da cultura chama-nos a uma nova e fecunda obra de responsabilização cultural da fé, para revitalizar, de forma crítica e criativa, a antiga e sempre dialética relação entre fé e cultura. Peter Hans Kolvenbach, ex-prepósito geral dos jesuítas, na sua intervenção na 12ª Congregação do Sínodo sobre a Vida Consagrada, afirmava: algumas pessoas consagradas assumem de modo mais especial esta missão eclesial de recordar às culturas o seu fim último, no próprio coração dessas culturas, nos seus lugares de pesquisa ou de criação artística, nas instituições acadêmicas e nos centros de difusão dos meios de comunicação social.

Vita consecrata sublinhou esta instância: "A necessidade de contribuir para a promoção da cultura, para o diálogo entre a cultura e a fé, é hoje sentida, na Igreja, de modo absolutamente particular. Os consagrados não podem deixar de sentir-se interpelados por esta urgência".[150] Lembremos, de modo particular, as pessoas consagradas e os Institutos chamados pelo Espírito a fazerem-se intérpretes da grande narração educativa que corre como necessidade primeira na cultura fraca do presente e do fragmento; nas construções fictícias do virtual, no fluxo irreprimível do *anything goes*.

84. Nas periferias da cultura, hoje, a vida consagrada, continuando a antiga e fecunda *traditio* – no diálogo respeitoso e solidário com todos os agentes culturais –, é

---

[150] Ibid. 98a, b.

chamada a comprometer-se em duas frentes: a experiencial e a especulativa. A primeira convida-nos a viver na esteira da narração evangélica o nosso testemunho de vida, possível em cada época e em cada tempo. O conto anima o ato educativo e introduz na atualidade do encontro com Cristo.

A segunda frente nos chama a uma reflexão profunda sobre o homem contemporâneo para um humanismo integral. Este desafio profético pede que dediquemos a isso inteligência, paixão, intuição, bens. A Igreja precisa hoje de ter contextos, lugares, formas de educação que ajudem a liberdade profunda da pessoa a realizar um movimento especular ao da cultura do consumo: o movimento generativo.

Por uma acolhida formativa

85. Convidamos a recuperar a atitude de imitar Jesus Mestre através do humilde serviço da cultura e do discernimento em relação com a Verdade, estendido a todos os aspectos da vida humana.

Atualmente percebemos que muitos adultos renunciaram a propor às novas gerações razões e regras para viver com liberdade e responsabilidade. Respeitar a sua inderrogável responsabilidade educativa vale para todas as áreas da presença das pessoas consagradas.

Podemos igualmente repensar a nossa disponibilidade a oferecer lugares e ambientes de referência e de pertença, espaços concretos de partilha do humano diante da emergência, também dramática, de situações de solidão e desorientação. Lugares capazes de responder às necessidades de amizade, experimentação, confronto, para ajudar não só adolescentes e jovens, mas os próprios adultos, a sairem de uma concentração narcisista em si mesmos. Torna-se, por isso, decisivo o desafio de anunciar ao homem de hoje a ruptura da solidão, a boa notícia da relação fundante com o Mistério de Deus que se revela como Amor. Nesta perspectiva há hoje uma necessidade de planejamento criativo, de pesquisar e provar caminhos inéditos.

Convidamos, igualmente, a dirigir a atenção para a pluralidade dos contextos educativos: de valores plurais de referência, de pertencimentos culturais, de modos de vida familiar, de figuras educativas, de saberes, de fontes do conhecimento. É preciso saber reconhecer as novas oportunidades educativas e pastorais, os nós que esses fenômenos levam com eles, e compreender que nos é pedido um esforço para encontrar novos caminhos de unidade educativa dentro da pluralidade. Isto exige o encaminhamento de novas especialidades educativas, além das tradicionais, porque as potencialidades oferecidas pelo fenômeno da pluralização (migrantes, aumento das minorias culturais, multiculturalidade dos programas escolares) correm o risco de ficar sem resposta ou muitas vezes apenas na linha de frente da emergência dos serviços sociais. A comunidade eclesial e a própria vida consagrada acolherão as novas necessidades, elaborando novo compromisso educativo.

Nos lugares ecumênicos e inter-religiosos

86. Convidamos para a leitura do fenômeno migratório que nos pede novas sensibilidades e atenções pastorais, com vistas ao ecumenismo e ao diálogo inter-religioso.

Vita consecrata fornece indicações muito concretas: a partilha da *lectio divina*, a participação na oração comum, o diálogo da amizade e da caridade, "a hospitalidade cordial praticada para com os irmãos e irmãs das diversas confissões cristãs, o conhecimento recíproco e a permuta dos dons, a colaboração em iniciativas comuns de serviço e de testemunho, são diversas formas de diálogo ecumênico [...]. Nenhum Instituto de vida consagrada se deve sentir dispensado de trabalhar por esta causa".[151]

Não menos nos é pedido para favorecer o diálogo inter-religioso. Dois âmbitos podem sugerir uma resposta nossa ativa: "A comum *solicitude pela vida humana*, que se estende da compaixão pelo sofrimento físico e espiritual até ao compromisso pela justiça, a paz e a salvaguarda da criação. Nestes setores, hão de ser sobretudo os Institutos de vida ativa a procurarem o consenso com os membros de outras religiões, naquele 'diálogo das obras' que prepara o caminho para uma partilha mais profunda. Um campo especial de operoso encontro com pessoas de outras tradições religiosas é a *procura e promoção da dignidade da mulher*. Na perspectiva da igualdade e da reta reciprocidade entre o homem e a mulher, um precioso serviço pode ser prestado principalmente pelas mulheres consagradas".[152]

Nos lugares do Espírito

87. Convidamos a revisitar antigas formas às quais monges e monjas, religiosos e religiosas e todas as pessoas

---

[151] João Paulo II, Ex. Ap. pós-sinodal *Vita consecrata* (25 de março de 1996), 101.
[152] Ibid. 102.

consagradas deram vida com a finalidade de atuar em um projeto alternativo de sociedade; a criação de lugares nos quais viver o Evangelho dá sentido e orientação e se torna testemunho vivo da fraternidade, que saiba fazer culturas e povos se encontrarem.

O sinal da novidade evangélica pode dilatar-se sobre estruturas evangelizadoras mais amplas. Os lugares de peregrinação, muitas vezes dirigidos ou animados por consagrados e consagradas, são espaços de conversão e contemplação; os mosteiros são lugares de acolhida e de diálogo, abertos ao ecumenismo e também a pessoas não crentes, que frequentemente encontram neles o sentido da vida. A vida consagrada, que no passado soube criar e gerir obras inspiradas na lógica evangélica, hoje é chamada a repensar, reinventar, recriar lugares nos quais o Evangelho possa ser lido nas suas possibilidades, inspirações e frutos, onde se possa ver e tocar Deus.

Luigia Tincani, fundadora de um instituto religioso apostólico, escreveu no primeiro trintênio do século XX: "Na nossa caminhada comum para a idade plena dos filhos de Deus, tudo o que posso fazer pelos meus irmãos é apenas, em última análise, tornar-me diante deles uma matéria viva, na qual possam ver realizada a ideia de que gostaria que se fizesse luz e força no caminho deles. A educação pode ser assim entendida como a verdadeira arte e poesia da vida; só posso oferecer a eles a coerência da minha mente, do meu coração, das minhas ações, das minhas palavras, como o artista oferece a obra na qual colocou o frêmito vivo da sua arte. Porque a verdade é esta: nunca faremos o bem em redor de nós, nunca seremos educadores, a não ser por mérito do nosso valor moral; pela força das nossas convicções, quer dizer, pela realidade de atuação que o nosso ideal moral alcançou em nós. Por isso, se quisermos fazer-nos educadores, é mais necessário que nos preocupemos em fazer viver mais em nós do que nos outros o ideal que almejamos".[153]

No tempo da esperança

Aqui é a Igreja

88. Escutamos no início destas páginas a promessa que ecoa nos Atos: "Recebereis poder quando o Espírito Santo vier sobre vós, e sereis minhas testemunhas em Jerusalém, e em toda a Judeia e Samaria e até os confins da terra" (At 1,8). Jesus confia à palavra *testemunhas* a sua última mensagem. Para os apóstolos, ser testemunha significa ter estado com o Senhor, ter participado de sua paixão e ressurreição. O testemunho não nasce neles por uma decisão pessoal. Foi Deus quem os escolheu e enviou o Espírito para torná-los capazes daquilo que sozinhos não podiam sequer pensar: "O Espírito de verdade, que procede do Pai, dará testemunho de mim; e vós também dareis testemunho, porque desde o princípio estais comigo" (Jo 25,26b-27). O evangelista João mede as palavras do Mestre pelo testemunho que os discípulos tiverem dado dele no

---

[153] L. Tincani, *Lettere di fomazione*, trad. de C. Broggi, Roma: Ed. Studium, 2009 (1923).

mundo, apesar do medo de alguns, da falta de memória de outros, da traição possível a cada hora.

Na história está sempre ocorrendo uma luta entre as trevas e a luz (cf. Jo 1,4-11). Nesse confronto, está presente o mistério da rejeição, que pode atingir também os mais íntimos de Cristo, que pede ao Pai: "Não rogo pelo mundo, mas pelos que me deste" (Jo 17,9). O contexto é dramático, mas uma grande serenidade está presente nas palavras de Jesus, que não se cala sobre o mal, mas não exprime condenações, preocupado com os seus, a fim de que tenham que viver com consciência e confiança o tempo que os espera.

89. Como todo século, também o nosso é tempo de luta entre a luz e as trevas. Um tempo em que se desenham de novo as relações entre os povos, as culturas, as religiões. Um tempo no qual os caminhos alargam as suas encruzilhadas, em espaços nos quais os rostos são obrigados ao acolhimento ou à rejeição, mesmo violenta. Um tempo no qual aos cristãos são pedidas com arrogante violência as razões da sua esperança e as pessoas consagradas continuam a sua história de testemunho da Luz. Em nome da caridade *até o fim* (cf. Jo 13,1), homens e mulheres consagrados deram testemunho de Cristo Senhor com o dom da própria vida. São milhares aqueles que, obrigados às catacumbas da perseguição dos regimes totalitários ou de grupos violentos, hostilizados na atividade missionária, na ação a favor dos pobres, na assistência aos doentes e aos marginalizados, viveram e vivem a sua consagração no sofrimento prolongado e heroico e, muitas vezes, com derramamento do seu sangue, plenamente configurados ao Senhor crucificado.

Escreve uma religiosa missionária: "Estou agora perto dos oitenta anos. Na minha última volta à Itália, as superioras estavam em dúvida se me deixavam partir de novo. Um dia, durante a adoração, rezei: 'Jesus, que a tua vontade seja feita; mas sabes que desejo partir ainda'. Vieram-me claríssimas estas palavras: 'Olga, crês que tu salvarás a África? A África é minha. Apesar de tudo estou contente que partas: Vai e dá a vida'. Desde então não duvidei mais".[154]

O testemunho até o sangue é o selo insigne da esperança cristã: glória singular para a Igreja. "Quero apenas um lugar aos pés de Jesus. Quero que a minha vida, o meu caráter, as minhas ações falem por mim e digam que estou seguindo Jesus Cristo. Este desejo é tão forte em mim que me consideraria privilegiado no caso – neste meu esforço e nesta minha batalha para ajudar os necessitados, os pobres, os cristãos perseguidos do Paquistão – de Jesus querer aceitar o sacrifício da minha vida. Quero viver para Cristo e por ele quero morrer. Não sinto nenhum medo neste país."[155]

Entre os mártires cristãos, os consagrados e as consagradas marcam uma parábola ascendente e apaixonada: a Igreja ainda é a Igreja de Cristo Jesus, que anunciou perseguições para os seus discípulos. Vida consagrada e realidade do martírio nos indicam "onde se encontra a Igreja".[156]

---

[154] Dos escritos inéditos de Olga Raschietti (Montecchio Maggiore, 22 de agosto de 1831 – Kamenge, 7 de setembro de 2014), missionária de Maria, morta no Burundi.

[155] Cf. C. Shahbaz Bhatti, *Cristiani in Pakistan. Nelle prove la speranza*, Venezia: Marcianum Press, 2008.

[156] Cf. J. Ratzinger, *Perché siamoancora nella Chiesa*, Milano: Rizzoli, 2008, p. 26.

Sonhar como cristãos

90. A mensagem final, transmitida a nós pela experiência e pelos desejos dos participantes na *Semana em comunhão*, no encerramento do Ano da Vida Consagrada, convida a ser alegres na esperança, bem escassa e frágil tanto nas culturas contemporâneas como no meio de nós. Temos necessidade de reavivar a razão teologal da nossa esperança, para fazer com que ela habite na Igreja.

A visão da esperança é generativa, adere com alegria ao que o Espírito está realizando hoje. Uma religiosa conta: "Agora estou voltando a Burundi, na minha idade e com um físico fraco e limitado, que não me permite mais correr dia e noite como antes. Interiormente, porém, creio que posso dizer que o ímpeto e o desejo de ser fiel ao amor de Jesus por mim, concretizando-o na missão, está sempre vivo. A missão me ajuda a dizer na fraqueza: 'Jesus olha, é o gesto de amor por ti'".[157]

A acolhida do Espírito nos torna capazes de criatividade e audácia, enquanto vivemos a nossa *sequela Christi* em outros contextos culturais e em novos paradigmas antropológicos: "É preciso alimentar em nós um olhar de simpatia, respeito, apreço aos valores das culturas, das tradições que encontramos; apesar da situação complexa e conflitiva dos Países dos Grandes Lagos, parece-me perceber a presença de um Reino de amor que se vai construindo, que cresce como um grão de mostarda de um Jesus presente,

---

[157] Dos escritos inéditos de Lucia Pulici (Desio, 8 de setembro de 1939 – Kamenge, 7 de setembro de 2014), missionária de Maria, morta no Burundi.

dado a todos. A esta altura da minha caminhada continuo o meu serviço aos irmãos africanos, procurando viver com amor, simplicidade e alegria".[158]

Consigamos acompanhar na esperança as novas gerações rumo ao futuro, confiando nas "chuvas do outono e da primavera" (Os 6,3), a fim de que as pessoas consagradas jovens sejam protagonistas geniais e originais de nova reelaboração na liberdade do Espírito.

91. A esperança é o sonho cristão que vivifica e ilumina a vida na Igreja: "Amo a verdade, que é como a luz; a justiça, que é um aspecto essencial do amor; gosto de dizer a todos as coisas como são: bem ao bem e mal ao mal; sem cálculo, apenas com o cálculo de que fala o Evangelho: fazer o bem porque é bom. Nas consequências do bem feito, Deus pensará".[159] "A minha vocação é uma só, estrutural diria: mesmo com todas as deficiências e as indignidades que se queira, eu sou, pela graça do Senhor, uma testemunha do Evangelho: *sereis minhas testemunhas*."[160] Giorgio La Pira continua, escrevendo a uma consagrada amiga sua: "Reverenda Madre, sou um pouco sonhador? Talvez. Mas o cristianismo todo é um sonho: o dulcíssimo sonho de um Deus feito homem para que o homem se tornasse Deus! Se

---

[158] Dos escritos inéditos de Bernadette Boggian (Ospedaletto Euganeo, 17 de março de 1935 – Kamenge, 8 de setembro de 2014), missionária de Maria, morta no Burundi.

[159] G. La Pira, "Discorso del 24 settembre 1954" al Consiglio Comunale de Firenze, in A. Scivoletto, *Giorgio Pira*, Roma: Studium, 2003, p. 159.

[160] G. La Pira, *Lettera del 27 novembre 1953*, in *Caro Giorgio... Caro Amintore... 25 anni di storia nel cartegtgio La Pira-Fanfani*, trad. de S. Selmi e S. Nerozzi, Firenze: Polistampa, 2003, p. 190-195.

este sonho é real – e de que realidade –, por que não seriam reais os outros sonhos que estão essencialmente ligados a ele? Parece-me, porém, que estes não são sonhos, isto se chama virtude cristã, chama-se esperança".[161] O Eterno, negado pelas culturas do presente, estende a sua dimensão no mundo também através das razões da nossa esperança.

Ave, Virgem do Cenáculo

92. A Mãe de Jesus e os apóstolos em oração unânime mostram a Igreja nascente como exemplo admirável de concórdia e oração. No clima de expectativa que perpassa o Cenáculo depois da Ascensão, Maria implora o dom do Espírito. Pentecostes é também o fruto da incessante oração da Virgem, que o Paráclito acolhe porque é expressão do amor materno para os discípulos. "O Espírito Santo cumula da plenitude dos seus dons a Virgem e os presentes, operando neles uma profunda transformação em vista da difusão da Boa-Nova. À Mãe de Cristo e aos discípulos são concedidos nova força e novo dinamismo apostólico para o crescimento da Igreja."[162]

Entre a Anunciação e Pentecostes estende-se a fecundidade que o Espírito Santo dá a Maria: "Na economia redentora da graça, atuada sob a ação do Espírito Santo, existe uma correspondência singular entre o momento da

---

[161] G. La Pira, *La preghiera, forza motrice della storia: lettere ai monasteri femminili di vita contemplativa*, trad. de V. Peri, Roma: Città Nuova, 2007, p. 64.

[162] João Paulo II, *Audiência geral* (28 de maio de 1997).

Encarnação do Verbo e o momento do nascimento da Igreja. E a pessoa que une estes dois momentos é Maria: Maria em Nazaré e Maria no Cenáculo de Jerusalém. Em ambos os casos, a sua presença discreta, mas essencial, indica a via do nascimento do Espírito".[163]

Seja assim para nós: do *vem e segue-me* ao mandato *ide e anunciai*. Da acolhida da chamada à fecundidade missionária. Nos caminhos inéditos do Espírito.

Ó Pai, que derramaste
os dons do teu Espírito sobre a santíssima Virgem
orante com os apóstolos no Cenáculo,
faze com que a Igreja persevere
unânime e concorde em oração,
para que Pentecostes seja perene
e o santo fogo consuma todo mal,
apague fealdades, solidões
e amarguras ardentes.

Pai santo,
escuta a oração que o teu Espírito bom
coloca no coração e nos lábios
daqueles que confiam em ti:
livra-nos do peso do pecado
que entristece e extingue o Espírito
descido sobre a Virgem, dado no Cenáculo,
e que a Igreja resplandeça sempre

---

[163] João Paulo II, Carta Enc. *Redemptoris Mater* (25 de março de 1987), 24; cf. Paulo VI, Ex. Ap. *Marialis cultus* (2 de fevereiro de 1974), 28.

por novos frutos de santidade e de graça
para levar ao mundo o alegre anúncio
da salvação.

Cidade do Vaticano, 29 de junho de 2016,
Solenidade dos Santos Apóstolos Pedro e Paulo

João Braz Card. de Aviz,
Prefeito

† José Rodríguez Carballo, O.F.M.
Arcebispo Secretário

PARA REFLEXÃO

93. As provocações do Papa Francisco

Os nossos serviços, obras, presenças respondem ao que o Espírito pediu aos nossos Fundadores? São adequados para ir à busca das suas finalidades na sociedade e na Igreja de hoje? Existe algo que devemos mudar? Temos a mesma paixão pelo nosso povo, estamos perto dele ao ponto de partilhar das alegrias e das dores, a fim de compreender verdadeiramente as necessidades e poder oferecer a nossa contribuição para responder a elas?[164]

- "'Quem é Jesus para as pessoas do nosso tempo?' O mundo precisa mais do que nunca de Cristo, da sua salvação, do seu amor misericordioso. Muitas pessoas sentem um vazio ao seu redor e dentro de si – talvez, às vezes, até nós –, e outras vivem na inquietação e na insegurança por causa da precariedade e dos conflitos. Todos nós temos necessidade de respostas adequadas às nossas interrogações, às nossas perguntas concretas. Em Cristo, somente nele, é possível encontrar a paz verdadeira e o cumprimento de todas as aspirações humanas. Jesus conhece o coração do

---

[164] Francisco, *Carta Apostólica* a todos os consagrados por ocasião do Ano da Vida Consagrada (21 de novembro de 2014), 2.

homem como ninguém. É por isso que o pode curar, instilando-lhe vida e consolação."[165]

- "Interroguemo-nos: é fecunda a nossa fé? Produz boas obras a nossa fé? Ou então é bastante estéril e, portanto, mais morta do que viva? Faço-me próximo, ou simplesmente passo ao lado? Sou daqueles que seleciono as pessoas a bel-prazer? É bom fazer estas perguntas, e fazê-las frequentemente, porque no fim seremos julgados pelas obras de misericórdia. O Senhor poderá dizer-nos: e tu, recordas aquela vez ao longo do caminho de Jerusalém para Jericó? Aquele homem meio morto era eu. Recordas? Aquele menino faminto era eu. Recordas? Era eu aquele migrante que muitos querem expulsar. Era eu aqueles avós sozinhos, abandonados nas casas de repouso. Era eu aquele doente no hospital, que ninguém vai visitar."[166]

- "O dom que Jesus oferece é a plenitude de vida para o homem faminto. Jesus sacia não só a fome material, mas aquela mais profunda, a fome do sentido da vida, a fome de Deus. Perante o sofrimento, a solidão, a pobreza e as dificuldades de tantas pessoas, o que podemos fazer? Lamentar-nos nada resolve, mas podemos oferecer aquele pouco que temos, como o jovem do Evangelho.

---

[165] Francisco, *Angelus*, 19 de junho de 2016.
[166] Francisco, *Angelus*, 10 de julho de 2016.

[...] Quem não tem os seus 'cinco pães e dois peixes'? Todos os temos! Se estivermos dispostos a pô-los nas mãos do Senhor, serão suficientes para que no mundo haja um pouco mais de amor, paz, justiça e sobretudo alegria."[167]

- "Que comporta, para as nossas comunidades e para cada um de nós, fazer parte de uma Igreja que é católica e apostólica? Antes de tudo, significa *preocupar-se com a salvação da humanidade inteira*, sem nos sentirmos indiferentes ou alheios diante do destino de tantos dos nossos irmãos, mas abertos e solidários para com eles. Além disso, significa *ter o sentido da plenitude, da integridade e da harmonia* da vida cristã, rejeitando sempre as posições parciais, unilaterais, que nos fecham em nós mesmos. [...] E aqui gostaria de recordar a vida heroica de numerosos missionários e missionárias que deixaram a sua pátria para ir anunciar o Evangelho noutros países, noutros Continentes. Dizia-me um cardeal brasileiro que trabalha frequentemente na Amazônia, que, quando vai a um lugar, a um povoado ou a uma cidade da Amazônia, visita sempre o cemitério e ali vê os túmulos dos missionários, sacerdotes, irmãos e irmãs que partiram para anunciar o Evangelho: apóstolos. E pensa: todos

---

[167] Francisco, *Angelus*, 26 de julho de 2015.

eles podem ser canonizados agora, pois deixaram tudo para anunciar Jesus Cristo."[168]

- "Evangelizar os pobres: esta é a missão de Jesus, segundo o que ele diz; esta é, inclusive, a missão da Igreja, e de cada batizado na Igreja. Ser cristão e ser missionário é a mesma coisa. Anunciar o Evangelho, com a palavra e, antes ainda, com a vida, é a finalidade principal da comunidade cristã e de cada um dos seus membros. [...] Jesus dirige a Boa-Nova a todos, sem excluir ninguém, aliás, privilegiando os mais distantes, os sofredores, os doentes, os descartados da sociedade. Questionamo-nos: o que significa evangelizar os pobres? Significa em primeiro lugar aproximarmo-nos deles, significa ter a alegria de servi-los, de libertá-los da opressão, e tudo isto em nome e com o Espírito de Cristo, porque é ele o Evangelho de Deus, é ele a Misericórdia de Deus, é ele a libertação de Deus, é ele quem se fez pobre para nos enriquecer com a sua pobreza."[169]

---

[168] Francisco, *Audiência Geral*, Praça de São Pedro, 17 de setembro de 2014.
[169] Francisco, *Angelus*, 24 de janeiro de 2016.

Impresso na gráfica da
Pia Sociedade Filhas de São Paulo
Via Raposo Tavares, km 19,145
05577-300 - São Paulo, SP - Brasil - 2016